Rethinking
Reconstructing
Reproducing

*

———

"精神译丛"
在汉语的国土
展望世界
致力于
当代精神生活的
反思、重建与再生产

———

*

探究 I

柄谷 行人

精神译丛·徐晔 陈越 主编

[日] 柄谷行人 著　王钦 译

探究（一）

西北大学出版社

·西安·

柄谷行人

照片由作者本人提供

目 录

中文版序 / 1

第一章　何谓他者 / 1
第二章　言说的主体 / 21
第三章　惊险的一跃 / 35
第四章　世界的边界 / 53
第五章　他者与精神分裂症 / 69
第六章　售卖的立场 / 83
第七章　积蓄与信用——从他者那里逃走 / 99
第八章　教与说 / 121
第九章　家族相似性 / 133
第十章　基尔克果与维特根斯坦 / 149
第十一章　他者之为无限 / 167
第十二章　对话与反讽 / 189

后记 / 210

"学术文库版"后记 / 212

人名索引 / 213

从"外部"出发——论柄谷行人《探究（一）》（代译后记） / 217

中文版序

我差不多已经忘了《探究》这部作品。大抵上，我都会忘了自己写完的著作。毋宁说，正是因为忘却过去的工作，才能前进。然而，这次趁着写这篇"序言"的契机重读《探究》的时候，我注意到了几个重要的问题。

《探究》原本是 1985 年至 1996 年在杂志上连载的文章。具体来说，就是"探究（一）""探究（二）"和"探究（三）"。前两次连载收录在《探究（一）》和《探究（二）》这两本书中，而"探究（三）"连载到一半中断了，没有成书。在此之后，我在 20 世纪结束的时候写了《跨越性批判》，在其中提出了"交换样式"的观点。然而，我当时没有注意到的是，从实质上而言，"交换样式"的想法其实已经蕴含在"探究"之中了。

例如，我在《探究》中讨论了语言的问题，但它和迄今为止一般认为的语言理论不一样。通常来说，语言问题是从"言说—倾听"的观点得到考察的，而我则在《探究》中从"教—学"的观点来考察语言。换言之，就是通过和他者的"交换"来考察语言。在这个意义上，应该说交换样式的观点始于《探究》。

写作《探究》的时候，我在日本被称为"新学院派骑手""后现代主义者"，等等。这些名称在当时就有违和感，如今再次回顾起来，我感到自己在当时已经预感到了后现代主义的未来，即预感到了将要到来的战争。

如今看来很明显的是，《探究》是在发生世界史意义上的巨大变动的时期写成的。关于这一点，我在书中完全没有涉及。但是，并不是说我没有注意到这一点。我写作《探究》的时期，正是由 1989 年苏联解体所代表的具有世界史意义的变动正在发生的时期。尽管没有在书中直接提到，但《探究》反映了这种变动。

苏联解体在当时被称作"历史的终结"（福山语），但我当时就反对这种看法。在我看来，当时失去霸权的不只是苏联，美国也一样。要言之，当时"终结"了的是第二次世界大战后暂时达到的平衡状态。实际上，在此之后，到了 21 世纪 20 年代，"历史的反复"就变得很明显了。我在这个时间点上出版了《力与交换样式》一书（2022）。在许多意义上，这本书都可以说是《探究》的延续。

柄谷行人

2023 年 6 月 22 日

第一章

何谓他者

他者とはなにか

一

维特根斯坦(Ludwig Wittgenstein)试图从"教"的视角来考察语言。这是一次根本性的态度转变，虽然这种转变也不是第一次了。这里的教，指的是教孩童说话，或者教外国人说话。换言之，教的是那些完全不理解我的语言的人。

> 一个不懂我们的语言的人，如一个外国人，经常听到一个人命令说："拿给我一块板石！"可能会以为整个这一串声音是一个词，也许相当于他的语言中的"石料"这个词。(《哲学研究》20)[1]

在维特根斯坦这里，"不懂我们的语言的人，如一个外国人"并不单单是为了说明方便而挑选出来的众多例子中的一个。它所展现的是一种不可或缺的他者，他能让所有在"言说—倾听"的层面上思考语言的哲学和理论都变得无效。只有当我们从"教—学"的层面或关系中把握语言，这种他者方才显现出来。这种他

---

[1] 译文根据维特根斯坦:《哲学研究》，陈嘉映译，上海：上海人民出版社，2001年，第15页。——译注

者，让我丧失自身的"确定性"。在与笛卡尔（René Descartes）相反的方向上，他者在一种方法性怀疑的极限处显现出来。

为了避免误解，需要说明的是：第一，这跟皮亚杰（Jean Piaget）和乔姆斯基（Noam Chomsky）等人从孩童"习得"语言的侧面看待问题截然不同。在后者那里，"教—学"的关系并不存在，也没有交流的问题。而且，正因如此，他们才能在不考虑"教—学"层面上带来的重大问题的情况下，抽象地建立结构主义意义上的生成模式。

第二，"教—学"关系不能被等同为权力关系。事实上，我们要想下命令，那么这件事就必须被"教"。对于孩童，我们与其说是支配者，不如说是其奴隶。换言之，和通常认为的相反，"教"的立场绝不占据优势地位。毋宁说，这一立场反而需要"学"一方的合意，反而不得不从属于"学"一方的任意性；应该说，"教"的立场处于弱势。

为了理解这个问题，我们可以从"售卖"的立场进行以下类推。如马克思所说，商品如果卖不出去（如果不进行交换），它就不是价值，因而甚至连使用价值也不是。于是，商品能否卖出去，就是"惊险的一跃"。商品的价值并不是事先内在的东西，而是作为交换之结果而被给予的东西。说什么事先内在的价值通过交换得到实现——完全没这种事。

关于语言，也可以作出相同的论断。从"教"的一方来看，我用语言来"表意"，这件事本身只有在他者承认的前提下才成立。不存在我在自己内部进行"表意"的内在过程。而且，我所表达的意思，不外乎就是他者承认的意思，对此我无法在原理上予以否定。私人性的意义（规则）无法存在。

试想一下向完全不懂日语的外国人教授日语的情形。当我们把这种思想实验极端化，他者就会变成维特根斯坦所谓的"令人恐惧的怀疑论者"（克里普克[Saul Kripke]语）。这会导致我自己深信不疑的确定性遭到瓦解。这种怀疑不同于（例如）笛卡尔式的怀疑。在后者那里，"怀疑"的最终落脚点是一种确定性，即"我在怀疑"这件事是无可怀疑的。事实上，笛卡尔的论述并没有到此为止。但在笛卡尔主义那里，这种内在的确定性成了出发点。在某种意义上，不只是笛卡尔主义，包括更一般意义上的哲学本身，也可以说是始于"内省"（独白）。换言之，这是站在"言说—倾听"的立场上，封闭在"内部"。我们必须改变这种态度。我们必须试着站到"教"的立场或"售卖"的立场上去。我的考察将始终围绕这个貌似平易的艰难问题展开。

二

教外国人和孩童，换句话说，就是教那些并不持有共同规则（code）的人。反过来说，与不持有共同规则的他者之间的交流（交换），必定成为"教—学"或"卖—买"的关系。在通常的交流理论那里，共通规则总是前提。但是，在与外国人、孩童或精神病人的对话中，这种规则暂时不成立，或者说难以成立。这些是特异的事例吗？

我们任何人都作为孩童出生，跟随父母习得语言。这件事绝不是特异的事例，而是一般性的条件。并且，在我们和他者的对话中，总是在某些方面难以沟通，这也很常见。在这种情况下，为了促进更好的相互理解，就必须向对方提出质疑，或进行教导。

换句话说,这就是站到"教—学"的关系上。就算存在共同规则,这种规则也是在"教—学"关系之后才产生的。

"教—学"这种**非对称**的关系,正是交流的基础性事态,而绝不是非常态。通常的(规范性的)事例,即具有同一规则的对话,才是例外性的。不过,之所以后者看起来不是例外,是因为这种对话把与自身相同的他者的对话,也就是将自我对话(独白)视作规范了。

但是,我认为,自我对话也罢,与那些跟自己共有同样规则的人对话也罢,都不能被称为对话。**对话**仅仅发生在跟那些不[和自己]共有语言游戏的人之间。而**他者**必定是那些不跟自己共有语言游戏的人。与这种他者的关系,是非对称性的。站在"教"的立场上,换句话说,就是将他者或将他者的他异性作为前提。

哲学始于"内省"。也就是说,哲学始于自我对话。而这样做的前提是认为他者与自身性质相同。在柏拉图的辩证法那里,这一点非常典型。在那里,苏格拉底招呼那些对话者"共同探求真理"。虽然柏拉图的辩证法采取了对话的形式,却不是对话。那里不存在**他者**。

在舍弃他者的他异性之后,与他者的对话就成了自我对话,自我对话(内省)被等同于与他者的对话。哲学始于"内省",这等于是说,哲学是在同一语言游戏的内部开始的。我称作"**唯我论**"的,绝不是那种认为只存在"我"一个人的思考方式。认为适用于我的论述能适用于所有人,这种思考方式才是唯我论。为了批判唯我论,只能引入他者,或者说,只能引入与他者(属于异质性语言游戏的他者)之间的交流。

三

我刚才区别了笛卡尔式的怀疑和一般意义上的笛卡尔主义。例如,笛卡尔怀疑自己的思考是否仅仅是在做梦。既然梦中的现实比醒来之后更为明晰,那么所谓"客观性"就无法作为自己不是在做梦的依据。然而,在《谈谈方法》中,怀疑自己是否在做梦,就等于怀疑自己是否仅仅是在遵循共同体的"习惯"或"先入之见"行事。笛卡尔通过时间和空间上的"旅行"来确证这一点。

笛卡尔的出发点是如下认识,即诸多共同体中被人信奉的诸多真理,不过是以各种语言游戏为基础的东西。换句话说,他的出发点是差异性和他异性。"我怀疑"不同于"我思"。的确,怀疑也是思考的一部分。如维特根斯坦所说,怀疑在语言游戏的内部才得以可能,怀疑是语言游戏的一部分。但是,笛卡尔的怀疑,如他自己所说,不是怀疑主义。

对笛卡尔来说,"怀疑"恰恰是去怀疑自己的"所思"是否属于共同体(语言游戏)之内。也就是说,进行怀疑的主体,正是那种试图迈向共同体**外部**的意志。笛卡尔将此称作"**精神**"。

笛卡尔主义将这种"进行怀疑的主体"等同于"思考主体"。也就是将精神等同于思考主体。然而,正是在精神试图迈向共同体(思考就从属于其中)之外部的意义上,"我在"(实存)才有可能。事实上,笛卡尔的思考是在他逃亡荷兰时作出的。对他来说,就像伦敦之于马克思那样,荷兰既是世界上最大的商业都市,同时也是"沙漠"。换言之,笛卡尔所处的,正是诸多共同体"之间",也就是作为**交通**(交流)场所的沙漠。

进行怀疑的主体,与思考主体(自己在思考,所以自己存在)毫无关系。并且,进行怀疑的主体无法从下述前提出发,即认为对自己适用的东西也对所有人适用。进行怀疑的主体是字面意义上的私人性和**单独性**。无疑,笛卡尔认为,cogito(我思)的明证性,仅凭其自身而言是不确定的:

> 因为梦中的思想常常是生动鲜明的,并不亚于醒时的思想,我们又怎么知道前者是假的、后者不是假的呢?这个问题,高明的人可以尽量钻研,爱怎么研究就怎么研究。我相信,如果不设定神的存在作为前提,是没有办法说出充分理由来消除这个疑团的。①

笛卡尔认为"上帝的存在"有其必要性,因为进行怀疑的主体仍然是私人性的,需要为它寻找依据。对于康德(Immanuel Kant)和胡塞尔(Edmund Husserl)而言,这种探寻是不必要的。因为对他们来说,先验主观不是进行怀疑的主体,而是思考的主体,他们将之视为所有人的基底处存在的东西。但是,进行怀疑的主体仅仅作为**外部性**而单独地存在着。对于如此这般存在的主体的明证性,找不到任何保证或依据。因此,笛卡尔认为只有上帝能为之作出保证。

由此,笛卡尔试图证明上帝的存在。康德误将它作为"本体论证明"予以批判,但其实笛卡尔的论述是这样的:我产生怀疑,

---

① 译文根据笛卡尔:《谈谈方法》,王太庆译,北京:商务印书馆,2001年,第31—32页。——译注

是因为我是不完全而有限的,而这一点就是完全而无限的**他者**(上帝)存在的证据(证明)。

事实上,这不是证明。斯宾诺莎(Baruch de Spinoza)注释说,笛卡尔所谓"我思故我在"是"我在思中存在",而不是(三段论意义上的)证明。同样,笛卡尔关于上帝的存在证明,也不是证明。他想说的是,即使[上面说到的这件事——即]存在于诸多共同体的外部、作为单独者而进行怀疑——找不到任何根据,也存在着推动自己作出如此怀疑的东西,正是因为有那个东西存在,自己才能进行怀疑。我们可以将这个东西称为**他者**。

笛卡尔总是被人批判为主客观二元论的罪魁祸首。然而,事实上正好相反。他不仅没有从内省或内在过程的确定性出发,而且还指出这种确定性不过是共同体内部的幻梦罢了。在他的怀疑那里,自始至终萦绕着**他者**。但讽刺的是,笛卡尔却被视为略去他者而从内省出发的唯我论的鼻祖。

对笛卡尔来说,"精神"不是"思考",而是"怀疑",也就是试图迈向外部的实存。然而,在笛卡尔主义那里,这种外部性被内在化了。换句话说,思维被视作精神。同时,在这个时候,萦绕在笛卡尔的怀疑周围的他异性和差异性,也遭到了抹除。我们应予否定的是笛卡尔主义,它是在笛卡尔之后成立的。

胡塞尔将自己的先验现象学称为"新笛卡尔主义"。他想把笛卡尔的企图进一步彻底化。当然,也可以说事情的确如此。不过,和康德一样,胡塞尔也将笛卡尔的 cogito 视为"进行思考的主体"。他所提出的 cogito,也即先验的 cogito,可以说是每个人意识层面上的"我思"的根基处所存在的那种 cogito。胡塞尔本身将此视为方法论意义上的**唯我论**。

胡塞尔从这种先验主观出发,以此来"构成"他者(他我),"构成"共同主观性(即客观性)。但这样的"他我"绝不是**他者**。归根结底,这是自己的"自我移入"和"自我的样态变化",不具有他异性。然而,笛卡尔的"上帝"不是这种共同主观性,而始终是异质的他异性。

在海德格尔(Martin Heidegger)那里——他批判了胡塞尔现象学,从思考主体转回到"存在"——同样不存在他者。海德格尔试图以"共同存在"来消解胡塞尔的他我问题。然而,不管是在胡塞尔还是海德格尔那里,**他者**问题都从一开始就被抹去了。这是因为,他们都是从同一个前提出发的,即认为我和他者基本上处于对称关系之中。换言之,他们都无视了交换=交流中包含的问题。

四

简单来说,我们根据"教"的立场而提示的态度变更如下:不是从共同的语言游戏(共同体)的内部出发,而是站到不以它为前提的**场所**那里去。在那里,我们与他者相遇。他者与我并不同质,因而也不是与我敌对的另一个自我意识。当然,这个场所只有通过我们的方法论怀疑才能得到揭示。

例如,马克思说,商品交换"开始于共同体和共同体之间"。共同体的内部也有交换,而且如列维-施特劳斯(Claude Levi-Strauss)所说,也存在交换体系。然而,重要的是**共同体和共同体之间**的交换。这个"之间",涉及的不是"在哪里"之类的空间问题,也不是"何时"之类的历史问题。如马克思所说,这是只能凭借"抽象能力"才能接近的问题。换句话说,这里的问题在于,共同体(语言游戏)和共同体之间,交换(交流)如何进行。

初看起来,这个问题等于是问,不具有任何通约可能性(commensurable)的不同事物如何等价。但是,(例如)在共同体内部,如在家庭内部那样,交换并不会遇到上述难题。而且,刚才的问题也可以作如下变形:相同的事物为什么在不同的共同体内具有不同价值?只有在共同体和共同体"之间",交换才变成难题——也可以说是交流成了难题。

马克思将这种交换关系表述为**价值形态**。也就是说,他将这种交换关系视作相对价值形态和等价形态的关系的非对称性。用流俗的话来说,就是卖的立场和买的立场之间的非对称性。这种非对称性绝不会得到扬弃。归根结底,它只会变成货币(所有者)和商品(所有者)的关系的非对称性,或资本和雇佣劳动的关系的非对称性。

如马克思自己所说,他的功绩在于揭示了存在于交换的根基处的这种非对称性。也可以将它称为价值形态。在古典经济学那里并未产生上述问题。这是因为,共同体和共同体"之间"形成的市场,开始于那个本身也是作为另一个共同体(系统)而建立起来的地方。在那里,交换可以仅仅根据规则来进行,也可以说仿佛各个商品都有自己的内在价值。

但是,马克思却从[古典经济学那里]追溯到"交换"成为临界问题的那个**场所**。重复一遍,这不是一个时间性或空间性的场所,而是这样一个场所:它始终存在着,却在共同体(系统)之中遭到遮蔽。

马克思将共同体与共同体"之间"存在的关系称为**社会性**关

系。例如,马克思写道:

> 一个商品可能是最复杂的劳动的产品,但是它的价值使它与简单劳动的产品相等,因而本身只表示一定量的简单劳动。各种劳动化为当作它们的计量单位的简单劳动的不同比例,是在生产者背后由**社会过程**决定的,因而在他们看来,似乎是由**习惯**确定的。①

在这里,马克思看上去采取了古典经济学的劳动价值论,但这并不是重点。事实上,共同体与共同体之间的商品交换(等价)那里,不存在任何根据。正因为被等价,人们才认为存在某种可以通约的东西,而不是相反。人们根据习惯而进行交换。但这种习惯是"社会过程"的结果。

我认为,我们在这里要区分共同体和社会。所谓**社会性**,仅仅指涉共同体与共同体"之间"的交换(交流)关系。或者说,仅仅指涉根本上并不以共通规则为前提的**场所**那里存在的交换关系。反过来,从这一点看,我所谓的共同体(community)是什么,也就很清楚了。共同体的意思并不仅仅是村落、地域共同体和组织或国家。要言之,所谓**共同体**,乃是具有共同性,由一个语言游戏所封闭起来的"领域"。

---

① 译文根据马克思:《资本论》(第一卷),中共中央马克思恩格斯列宁斯大林著作编译局译,北京:人民出版社,2004 年,第 58 页;强调为柄谷所加。——译注

五

马克思所谓社会关系被货币形态所遮蔽,指的是社会性的交换关系——即无根据的、非对称的交换关系——被视为仿佛是对称性的、具有某种合理根据的关系。所谓"物化"就是这个意思。"物化"的意思并不是"人与人的关系体现为物与物的关系",也不是关系被实体化。这种程度的观点不必等到马克思来说,谁来说都可以。

重复一遍:马克思揭示出,价值形态、交换关系的非对称性在经济学那里遭到了遮蔽。同样的事情也可以在语言学那里看到。也就是对"**教—学**"关系的非对称性的遮蔽。遮蔽非对称性关系,相当于将关系或他者予以排除。因此,语言学(如在雅各布森[Roman Jakobson]那里)和古典(新古典)经济学一样,都从同样的交换模式出发——例如信息(商品)—编码(货币)—信息(商品)的模式。这仅仅看到了共同体内部的交换。并且,正因为预设了我与他者的同质性,[这种思想]是唯我论式的。

众所周知,雅各布森为了消除索绪尔(Ferdinand de Saussure)语言学那里的暧昧性,采用了现象学式的方法。事实上,在某一点上,通过与胡塞尔现象学的对比,可以让索绪尔语言学的意义变得非常明确。胡塞尔批判了19世纪自然科学的心理主义和狄尔泰式的历史主义,认为双方其实都以某种超验性为前提,却当作不是这样。胡塞尔在哲学中所直面的状况,相当于索绪尔在语言学中直面的状况(当时物理学的语音学和历史语言学占据主导)。可以说,索绪尔的首要课题同样是:语言学如何能成为"严格的学问"。而他所采取的并不是语音学或历时性的语言史,而是"追问意识"的方法。恐怕恰恰因为索绪尔和胡塞尔在表面上没有关联,这一[共通之处]才更为重要。

由于雅各布森对胡塞尔颇有了解,他便自觉意识到索绪尔所确立的音位学的哲学意义。"索绪尔的伟大功绩在于,他正确理解了以下这一点:当我们研究发生行为、举出声音单位、为语言链条的声音划定边界的时候,无意识中已经存在着某种外部数据。"(雅各布森:《语音与意义六章》)索绪尔[的论述]是现象学式的,这一点很明显。这首先表现为,他将语言学的对象作为语言(langue)抽取出来:"语言不是实在的东西,它仅仅存在于言说主体的内部。"也就是说,语言不是外部事物,而是要通过追问言说主体的意识——换言之,即通过"现象学式的还原"——才能揭示的东西。

例如,不同于声音,音位并不是外部存在的东西。音位是在意识中**已然**存在某种意义的情况下,并且仅仅在这种情况下,才能作为辨别这一意义的形式而得到揭示。索绪尔所摒弃的,是那种认为符号表现某种意义的传统思考方式。因为当对于"言说主体"来说意义存在的时候,符号方才可能成为符号;必定存在辨别这一意义的体系,反过来则不成立。可以说,语言的体系和结构不是作为外部的东西得到揭示,而始终是通过参照"意识"的方式得到揭示的。

然而,另一方面,如雅各布森所说,从现象学的角度来看,不得不承认索绪尔还不够彻底。但这种不彻底,也可以视作索绪尔不得不在拒绝现象学式"内省"的方向上进行思考的结果。

当我们用某种语言理解事物的时候，换言之，当我们"理解其意义"的时候，我们就会想要假定这个意义存在于某处。当我们在本国语言（共同体）内部进行内省的时候，这是不可避免的。

索绪尔把语言视为能指和所指的结合；如果认为这一结合即意义（概念）与符号（声音）的结合，那么索绪尔的看法一点也不新鲜。事实上，他的目的是否定那种认为"意义"在积极的意义上存在的观点。为此，他引入了"价值"的维度：

> 关于价值一词，我们所说的内容也可以表述为对于以下原则的假定：语言中（换言之，某一语言状态中）只存在差异。说到差异，我们容易想到差异在其中得以确立的那些积极的词项，但这里的悖论是，语言中只有不带积极词项的差异。悖论性的真理正在于这一点。（《普通语言学教程》）

但是，只要人们都处在本国语言内部进行思考，那么就无法抹去"意义积极存在"这一实感。实际上，现象学就是从上述明证性出发的。但［索绪尔的］上述认识只能来自对这种［明证性］的否定。索绪尔想说的是，意义不过是由价值派生出来的东西。用马克思的话说，索绪尔所谓的"意义"对应"价值"，而"价值"则对应"价值形态"。或许可以说，当索绪尔引入"价值"概念的时候，他就将价值形态引入了语言学。

六

  但不管怎么说,索绪尔的语言学已经在现象学式的方向上被人们解读。他强调"语言是社会性的产物",但人们仅仅将这句话理解为:语言是超越个人的体系(共同体)。人们对"社会性质"(马克思语)不闻不问。结果,人们仅仅强调了下面这一点,即索绪尔从"言说主体"开始考察语言。巴赫金(Mikhail Bakhtin)将索绪尔的语言学视作"主观语言学"而予以批判。

  巴赫金在对话中理解语言。当然,对话必须是和他者的对话。也就是说,只有跟与自己异质的他者、属于不同语言游戏的他者进行的对话,才配称得上对话。在同一种编码中进行的对话,相当于自我对话(独白);辩证法在这个意义上也是独白。

  如果索绪尔所谓的"言说主体",其实是倾听的主体、理解意义的主体,那么巴赫金则从所谓**向他者言说**的主体那里出发:

>   语言是向对话者发出的,这一点意义重大。实际上,**语言是一个两面性的行为**。它在同等程度上由两面所决定,即它是谁的语言,以及它是为了谁发出的语言。语言正是**说话者与听话者相互关系的产物**。任何语言,表现的都是处于和"他人"关系中的"某人"。在语言中,我是相对于他人形成自我的;归根结底,是从自己的共同体的角度来表现自我。语言是联结我和他者的桥梁。如果它一头系在我这里,那么另一头就系

在对话者那里。语言是说话者与对话者之间共同的领地。

然而说话者究竟又是谁呢？要知道，就算语言并不完全属于说话人——可以说，语言是他和对话者之间的边界地带——语言仍然有整整的一半是属于说话者的。①

毫无疑问，巴赫金并不是站在能够同时看到说话者和对话方的"客观"立场上进行论述的。毋宁说，"对话"是"惊险一跃"，"联结我和他者的桥梁"与其说是渡过，不如说是必须飞过[这个距离]。"语言是向对话者发出的"，这意味着对于说话者自身而言不存在"产生意义"这一特殊的内在经验。在胡塞尔所谓的"孤独的内心生活"中，意义恰恰"没有意义"。就此而言，"对话"可以成为对于**唯我论**（方法论意义上的唯我论＝现象学）构成决定性批判的视点。这正是我们所谓的"教"一方的视点。

巴赫金指出，现代哲学、语言学、心理学、文学等，都是独白式的，都被封闭在单一体系性内部。对此，他用复调的复数体系性进行对峙。就对于个人意识的追问而言，我们所能发现的必定是单一（均衡）体系。这是因为，如尼采（Friedrich Nietzsche）所说，"我们意识到的一切，自始至终都是首先受到调整、单纯

---

① 译文根据巴赫金：《马克思主义与语言哲学》，《巴赫金全集》（第二卷），李辉凡等译，石家庄：河北教育出版社，1998 年，第 436 页；稍有改动。强调为巴赫金原文所有。——译注

化、图式化、被解释的"。但是,对此仅仅以复数(不均衡)体系进行对峙,也还是没有帮助。

复调性来自下述观察,即语言并非存在于孤立的意识(共同体)之中,而是存在于各个意识(共同体)"之间"。在根本意义上,那里恰恰交织着那种无法被同一个体系(规则)所吸收的交换(等价)。马克思将此称为"社会过程"。语言或共时性的体系,必定是从个人"意识"出发得出的思考。例如,不可能存在"日语的共时性体系"之类的东西。并不只有标准语才是日语。日语是一个复数体系,不断发生着流动性的生成变化。我们无法共时性地俯瞰这些变化。归根结底,"共时性体系"乃是从某个个人"意识"那里,通过现象学还原而得到的东西,也在这个意义上是一个封闭的东西。

巴赫金在20世纪20年代已经对索绪尔的"主观语言学"作出了如下批判:

> 从真正客观的观点出发,努力完全独立地来看待语言,独立于该时刻该语言个体所表现的语言,这样语言就表现为一个不断形成的流程。对于站在语言之上的客观观点来说,不存在着它能够建立共时性语言体系的现实因素。所以,从客观的角度来看,共时性体系与历史形成过程的任何一个现实因素都不相符。实际上,对于站在历时性观点上的语言史家来说,共时性体系不是现实的东西,它的作用不过是作为习惯性的规矩,来记录现实各个瞬间产生的脱轨现象。
>
> 所以,只有从个人主观意识的角度来看,共时性语

言体系才存在。这一个人主观意识是在任何历史时刻都只属于该语言团体说话者个人的。从客观的角度看,共时性语言体系在任何一个历史的现实时刻都不存在。①

不过,巴赫金提出的"客观语言学",容易产生另一种误解。因为这会让人以为有一种能够俯瞰全体的客观立场。事实正好相反。作为与他者的对话,语言形成的复数体系绝不允许被封闭在一种总体性内部。这也就是马克思所说的"社会性"。它和涂尔干(Émile Durkheim)说的那种"社会性"完全不同。涂尔干所谓的社会,不过就是共同体。就算针对个人而将共同体放在优先位置,也无法摆脱**唯我论**。

值得一提的是,在马克思看来,恰恰是观念论者(费希特和黑格尔)把握住了他所谓的"社会性事物"。"将哲学家引向神秘主义的神秘,潜藏在**社会**生活之中。"尽管如此,"神秘"并没有因社会性的挑明而消失。相反,我们必须追问:何谓社会性的事物。例如,当人们指出语言是自我差异化的差异体系,语言仿佛就被视为黑格尔的普遍精神自我差异化的主体。仿佛无须实际交流过程中的那种面向他者的发话,语言就可以自我运动起来——这就陷入了"神秘主义"。不过,这种神秘主义也自有其道理。因为至少来说,即使它是观念性的,它也直面了**社会性**事物的神秘。

---

① 译文根据巴赫金:《马克思主义与语言哲学》,《巴赫金全集》(第二卷),李辉凡等译,第411页;稍有改动。——译注

第二章

言说的主体

話す主体

一

　　据说索绪尔是从"言说的主体"出发的。但是,事实上这是"倾听的主体"。或者,用德里达(Jacques Derrida)的方式说,这是倾听自我之言说的主体。索绪尔语言学(因而也包括结构主义),归根结底不得不从属于现象学式的唯我论。正因如此,德里达和克里斯蒂娃(Julia Kristeva)对于结构主义的批判,始于对胡塞尔的批判。

　　例如,德里达认为,现象学那里的明证性在于"自我在场",也即"倾听自我的言说"。"声音就是意识。"(德里达:《声音与现象》)人们往往将这一点理解为对欧洲声音中心主义的批判,但德里达不过是指出:哲学或现象学站在"言说＝倾听"的立场上。并且,德里达并没有沿着改变上述态度的方向前进,而是追溯到了"自我在场"之前的踪迹或延异的根源性那里。"如果我们可以不自相矛盾地保持'根源性'这个词,如果我们假定踪迹可以马上被删除,那么可以说,这种踪迹比现象学意义上的根源性本身更具'根源性'。"(同上)

　　就算这种根源性的差异可以被立刻抹除,它也会再次使我们陷入"神秘主义"。德里达提出"差异的先验性"的时候,可以说差异就被超验化了。但是,就像马克思所说的那样,我们认为"将哲学家引向神秘主义的'神秘',潜藏在社会生活之中"。当然,这个"社会性"概念更为费解。

对此,我们要从"语言是向'他者'说出的"这一看起来再平常不过的事情出发。已经说过,这里的"他者"就像外国人和孩童那样,必须是完全不理解我们语言的人。胡塞尔区别了同一性意义和语境性意义,进而将后者也归结为同一性的意义——这是将"倾听"的立场推演到极限处的做法。毫无疑问,这里不存在"他者"。

另一方面,维特根斯坦则把"向他者言说"的立场推到了极限。在此,不存在同一性意义和语境性意义的区别,因为我所说的话对"他者"而言究竟是否"有意义"才是这里的问题。如果想用"语境"一词,那么它无非就是"有意义"这件事的成立。于是,离开语境的语言就不是语言。或者,从这里也可以引申出"一个难以置信、自我毁灭的结论,即一切语言都没有意义"(克里普克语)。胡塞尔的怀疑引出了同一性意义;与之相对,维特根斯坦的怀疑则反过来表明,这种意义(规则)和内在状态根本不可能。

在这里,为避免混乱,请注意"言说""倾听"或"书写""阅读"等说法。已经指出,我们在说话的时候,会自己听到自己的话。"言说的主体"便是"倾听的主体",一瞬间的"延迟"在这里被藏匿了起来。

维特根斯坦指出:"并不是动物因不思考而不说话,它们单纯就是不说话。"反过来说,人并不是因为有所思而说话,他们只是在说话而已。罗兰·巴特(Roland Barthes)认为"书写"这个动词不是及物动词,而是不及物动词;[其实]"说话"这个动词也一样。换言之,人们并不是将所思所想说出,而仅仅是说话而已(例如,孩童会"无意义"地啰里吧唆)。但是,当我们倾听自己说话的时候,不仅会认为这一语言有意义,而且会坚持认为,这种"意义"似乎之前就已经在内心存在了。

德里达关于明证性表现为"倾听自我之言说"的论述,以及关于"延异"在那里遭到遮蔽的论述,说的也就是这个意思。归根结底,当我们站在"言说"的立场上,我们其实就已经站到了"倾听"的立场上。正因如此,我采用"教"的立场的说法——它与"言说—倾听"的立场完全不同。

这一论述也适用于"书写=阅读"的立场。德里达对于"声音中心主义"的批判,往往被理解为仿佛他在主张书写或阅读的优越地位。但是,"书写"和"阅读"不可能纯粹地存在。

例如,每当我们写下一个字或一行字的时候,就会阅读刚写下的内容。写作者也正是阅读者。而在书写者的"意识"中,这一"延迟"被抹除了。实际上,事情是这样的。当我们写下一个字或一行字的时候,会感到它们将我们带向始料未及的方向上去;而在事实上被带着跑的过程中,我们又不断将写下的内容作为我们自己的"意图"予以收编。在写完之后,写作者会认为,自己写的正是自己想写的内容。

上述错误,表现为我们自己倾听和阅读被说出和被写下的东西。在此,他者就是我们自身,因此也就不是"他者"。于是,被说出和被写下的内容,对于他者来说究竟是否"有意义",我们对此毫不怀疑。然而,如果他者主张,在言说和书写之前,或在此过程中,你心中想表达的应该是别的东西,那么我们根本无法证明不是这样。

不过,这一点并不意味着,文本的"阅读"者具有优越性或创造性。读者若要表明自己的解读,也只有靠"书写"。因为若非如此,他的解读就不过是"私人语言"罢了。而当他"书写"的时候,便只好经历刚才提到的过程。我在其他地方还会论述这个问题。在此只需提到一点:认为文本本身具有"意义生产性",也是一种"神秘主义"(文本完全是**无意义的**)。

我避免"言说"或"书写"等词而采用"教"的理由,应该已经很明白了。这是为了不断唤起"他者"。德里达所强调的文本的外在性(他异性),恰恰有赖于他者的外在性(他异性)。不过,如果人们了解了这一点,那么将它称为"向他者言说"的立场也未尝不可。并且可以说,维特根斯坦将这一立场发展到极端。在那里,他的怀疑以追根究底的方式呈现出来。

关于维特根斯坦的这种怀疑主义,克里普克论述道:

> 也就是说,不可能用某种话语来意指某事。关于语言,我们在新的状况中的运用并不具有正当化或依据,而是在黑暗中进行跳跃。所有当下意图都可以被解释为符合我们想要做的事情,因而这里不存在合适不合适的问题。(《维特根斯坦的悖论》)

克里普克的上述说法,让人想起马克思的论述:商品是否具有价值,取决于商品售卖(交易)过程中的"惊险一跃"。或者,也让人想起基尔克果(Søren Kierkegaard)所谓的"质的辩证法"。如果用基尔克果的说法,那么可以说,试图在不存在"他者"的情况下成为自身,这种做法便是"致死的疾病"。

不过,这个"他者"没有必要非得是"上帝"。前期维特根斯坦(《逻辑哲学论》)据说受到了基尔克果的影响。他所谓的"对不能言说的东西,必须保持沉默",其中"不能言说的东西"指的是宗教和艺术。但是,这种康德式的区别(事实判断和价值判断)在后期维特根斯坦那里没有意义。因为在那里,不仅事实判断属于"语言游戏",价值判断也属于"语言游戏"。

或者也可以说,[在后期维特根斯坦那里,]逻辑事物和伦理事物的区别被摒弃了。因为基本上逻辑性的事物也是伦理性的事物,或者用尼采的话说,也就是跟"价值"有关的问题:

> 我们愿说,逻辑中不可能有任何含混。我们生活在这样的想法里:现实里"一定"有着理想。即使人们仍看不到理想是怎样在现实里的,而且也不理解这个"一定"的本质。我们相信,理想一定藏在现实里;因为我们相信已在现实中看到它了。(《哲学研究》101)①

逻辑学"必须"严密,这一价值判断先于逻辑学。日常语言是暧昧的,严密的理想语言"必须"在某处"形成"——这一价值判断从"现实当中"揭示出[上述"必须"]。"同一性的意义"就正是一种伦理要求。

要言之,我们不应该认为宗教领域是一个特殊领域。因为宗教(世界宗教)同样来自跟共同体与共同体"之间"的他者进行交流的问题。维特根斯坦所发现的不是宗教性的他者;相反,他从

---

① 译文根据维特根斯坦:《哲学研究》,陈嘉映译,第68—69页。——译注

更根本且更平常的地方发现他者。换句话说,这一"他者"既可以是商品的买家,也可以是外国人或孩童,也可以是动物。关键是设想一个不理解我们的极端他者。在谈论"语言游戏"之前,我们有必要确认一下被维特根斯坦贯彻到底的怀疑,以及和胡塞尔截然不同的[维特根斯坦的]"态度变更"。

二

重复一遍:维特根斯坦的怀疑与笛卡尔—胡塞尔式的怀疑形成了对照。如果说后者抵达了"确定性",并开始以此为基础为数学和科学奠基,那么可以说,前者抵达的是"不确定性",并开始以此为基础阐明数学和科学的基础的缺席,或阐明其社会性和实践性的特质。不过,目前上述结论并不重要。毋宁说,关键的不是这种稀松平常的结论,而是维特根斯坦在此过程中的怀疑和态度变更。如果看不到这一点,我们便只能得出稀松平常的结论,进而落入"胡塞尔与维特根斯坦的共通性"之类的见解。

例如,维特根斯坦为了说明"语言游戏"的概念,举出了国际象棋的例子。但是,索绪尔为了说明语言(体系),同样以国际象棋为例。索绪尔想说的是,对语言而言,本质性的东西不是其材质,而是差异、形式、规则。当然,虽然都举出了游戏的例子,两者并不因此相似。维特根斯坦以"游戏"为例想要说的,与索绪尔刚好相反。

索绪尔的出发点是"倾听的主体"所体验到的"意义"。以这种"意义"体验的确定性为基础,他推出了语言(符号)在形式和差异意义上的体系性。在这种情况下,语境中语言的"意义的动摇"并不成为问题。或者说,姿态和表情等"身体语言"也不成为问题。这是因为,只要这些因素作为意义而被理解,它们就能被翻译为音节语言;同时,如果这些因素无法作为意义被理解,那么它们甚至都不是"身体语言"。关于这一点,胡塞尔论述道:

> 如果表达极为**简略**,以至于它们没有偶然性的机遇就不能够表达一个完整的思想,那么在一个话语的真正被表达的内容,即通过有关词语的始终相同的含义功能而被显示出的和被把握的话语内容与它们的机遇性意指之间的差异就会更大。例如,"走开!""喂,这位!""哎呀!""怎么搞的!"等等。这些一部分是残缺不全的、一部分是主观不定的含义通过说者和听者身处的直观事态而得到相互补充或相互区分;它们使这些有欠缺的表达成为可理解的表达。①

由此,语境的多义性就可以被还原为"倾听的主体"的意识中的"同一性意义"。进一步说,在索绪尔语言学那里,本质性的东西就成了让上述同一性意义成立的差异(形式)体系。

与此相对,维特根斯坦说道:

> 我们不难想象一种只包含战场上的命令和报告的语言。——或一种只有问句以及表达是与否的语

---

① 译文根据胡塞尔:《逻辑研究(第二卷 第一部分)》(修订本),倪梁康译,上海:上海译文出版社,2006年,第98页;强调为原文所有。——译注

言。——以及无数其他种类的语言。——而想象一种语言就叫作想象一种生活形式。

但在(2)的例子中,"板石"这声呼喊是一个句子还是一个词呢?——说是个词,它却与我们通常语言中发音相同的那个词有不同的含义,因为在(2)里它是一声呼喊。但说它是句子,它却不是我们语言中的"板石"这个省略句。——

就第一个问题而言,你既可以把"板石"称为一个词,也可以称为一个句子;也许称为"蜕化句"(就像说到蜕化双曲线)最合适,而那恰恰是我们的"省略"句。——

但我们的省略句的确只是"拿给我一块板石!"这个句子的一种缩略形式,而在(2)的例子中却不存在这样的"原句"。——

但我为什么不应该反过来把"拿给我一块板石!"称作"板石"这个句子的**扩展**?——因为你喊"板石",真正意谓的是"拿给我一块板石!"——

但你怎么一来就在**口说**"板石"之际**意谓**"拿给我一块板石!"了?你现在心里对自己说了这个不曾缩略的句子吗?我为什么得把"板石!"这声呼喊翻译成一个不同的说法才能说明某人用"板石!"意谓的是什么呢?如果两个说法含义相同,那我为什么不应当说:"他喊'板石!'的时候意谓的是'板石!'"?或:既然你能够意谓"拿给我一块板石",为什么你就不能意谓"板石!"呢?——

> 但我在喊"板石!"的时候,我所要的却是**他拿给我一块板石**! ——
>
> 诚然;但"所要的是"是否意味着:你曾以任何一种形式想到过和你实际上说出的句子不同的一个句子? ——(《哲学研究》19)①

也就是说,维特根斯坦说的是,"板石!"作为"拿给我一块板石"的缩略也罢,"拿给我一块板石"作为"板石!"的扩展也罢,这些都是可疑的。这些思考方式归根结底都以"同一性意义"的事先存在,或以"规则"的事先存在为前提。只要我们仍然从内省式的观点出发进行追问,那么这种思考方式就很难避免。另一方面,维特根斯坦在根本上改变了上述思考方式:

> 一个不懂我们的语言的人,如一个外国人,经常听到一个人命令说:"拿给我一块板石!"可能会以为整个这一串声音是一个词,也许相当于他的语言中的"石料"这个词。(《哲学研究》20)②

在维特根斯坦那里,"不懂我们的语言的人,如一个外国人",便是对他的怀疑来说不可或缺的"他者"的一个例子。当我们根据与他者的交流而考察语言,我们就无法设定一种"同一性意

---

① 译文根据维特根斯坦:《哲学研究》,陈嘉映译,第13—14页;强调为原文所有。——译注

② 译文根据维特根斯坦:《哲学研究》,陈嘉映译,第15页。——译注

义",也无法预设某种规则。

用索绪尔式的话说,我们之所以能够相互交通来往,是因为我们共有同一种语言(langue)——即规则和编码系统——在这个意义上,交流就是游戏。维特根斯坦恰恰是为了否定这个意义上的游戏,才搬出了"语言游戏"。

> 语言和游戏的类比这时不是为我们投下一道光线吗?我们很可以设想一群人以这样的方式来打球娱乐:他们开始时玩的是各式各样现有的游戏,但有些游戏却不进行到底,而是在中间把球漫无目标地扔到空中,笑着闹着拿球扔这个砸那个,等等。而现在有人说:这些人这段时间一直在玩一种球类游戏,从而是按照某些确定的规则来扔每一个球的。
>
> 我们不是也有"边玩边制订规则"这样的情况吗?而且也有我们边玩边修改规则的情况。(《哲学研究》83)①

总而言之,维特根斯坦以"语言游戏"为例,想说的并不是我们根据某种规则(编码)进行交流;相反,他想说的是,这种规则只不过是我们在理解了之后才发现的"结果"。只要某个符号开始"产生意义",这种规则马上就会得到"制订"。并且,维特根斯坦说,用以规定如何改变上述规则的规则,是不存在的(《哲学研究》84)。

---

① 译文根据维特根斯坦:《哲学研究》,陈嘉映译,第59页。——译注

由此,"语言游戏"的概念始终伴随着一种怀疑。无论到哪里,对于内在同一性意义(规则)的假定都是可疑的。一切都取决于能否"产生意义"。但没有什么能为此提供基础。例如,并不**因为**具有共同的"生活形式",语言就"产生意义";恰恰相反。千万不能搞错这里的结果和原因。

第三章

惊险的一跃

命がけの飛躍

一

"语言是差异性的形式体系"之类的认识,是将"言说＝倾听的主体"那里体验到的"意义"进行现象学式还原后得到的。因此可以说,结构主义、系统论、信息理论等,虽然彼此的来由和意图各不相同,但归根结底都内在于现象学式的框架之中。与之相对,存在着对这种差异体系的体系性——也即通过一个超验中心而组织起来的封闭体系——进行批判的尝试。这种尝试以种种不同的形式呈现出来。但是,如果不是通过诉诸"外部",而是想要从内部瓦解这种差异性的形式体系,我们就必须在根本上假定一种所谓自我指涉的形式体系,或自我差异性的差异体系。当然,对此可以有很多不同的称呼——例如"块茎"(德勒兹[Gilles Deleuze]和伽塔利[Felix Guattari]语)。

然而,上述尝试基本上不过是"倾听的立场",即现象学式框架内部的**挣扎**而已。例如,让我们假定存在语言的共时性体系,考察一下它为何且如何变化。在此,不能把每个人的实践(言语)带入进来。因为共时性体系不是外在的东西,而是通过对"言说＝倾听的主体"的意识中体验到的东西进行现象学还原得到的。既然体系的变化不能归结为每个人的实践,我们就只能认为,差异体系是自我变化(自我差异化)的。仿佛语言自我活动起来，跟人们的[言语]实践没有关系。这种想法类似于认为，当我们在十字路口看到红灯停下来的时候，红色信号灯本身具有让我们停下来的力量。

在这种情况下，如果将差异体系称为"作品"，将自我差异性的差异体系称为"文本"，那么就能清楚看到，文本主义者主张的其实是同样的事情。也就是说，在他们看来，文本本身能够突破一切体系性（框架），能够从多个方向上生成"意义"。在这个意义上，罗蒂（Richard Rorty）将这种"文本主义"类比为从费希特到黑格尔那里的"观念论"，是非常正确的（参见 Richard Rorty, "Consequences of Pragmatism"）。当他们将康德的"形式"进行动态化的时候，就必须思考"形式"本身的自我差异化，而这时就只能在理论上假定"自我"和"精神"的自我运动。

不过，我们不能仅仅用唯物主义来彻底否定这种"观念论"。从外部对文本主义的观念性进行批判，多半没什么意思。因为这种批判未能直面"将哲学家引向神秘主义的神秘"（马克思语）。这种神秘尽管存在于"社会生活"之中，但无论人们如何主张社会性和实践性，它都不会消失。毋宁说，如马克思所言，正是从费希特到黑格尔的德国观念论者，把握住了社会性和实践性的问题。关于文本主义者们，我们也可以作如是观。

看起来，我们被逼入了非此即彼的境地。要么我们从"意识"出发并由此陷入形式性体系的内部，再从中"解构"体系，或"观念性地"打破体系；要么像巴赫金那样，从客观的（外在的）视角出发考察语言的社会性，批判独白性的意识＝单一体系。然而，这两者都未能触及马克思所谓的神秘＝社会性。

为了直面这种神秘，我们必须从根本上改变迄今为止的态度。必须从倾听的立场变为教的立场。这并不是什么困难的事情，而是与每个人日常经验的事情有关。例如，无论是谁，都无法确信自己说的话在他人那里"有意义（make sense）"，也无法确信自己生产的东西或劳动力（商品）能卖给他人。换言之，并非符号和形式（无论它的素材是什么）的差异性让意义得以成立，而是在此**之前**，当我们用这种符号和形式来"意谓"什么的时候，这一"意义"是否成立取决于"他者"——这才是问题所在。或者说，问题在于那里存在着的"无根基的不稳定性"。

例如，千万不能认为，当我们在标准意义上使用语言的时候，"产生意义"就是成立的，否则就是不稳定的。维特根斯坦式怀疑的彻底性，就在于不承认这种区别。甚至巴赫金的主张——语言本来就是对话性的、向他者发出的——现在看来，仅仅如此也还不够充分。维特根斯坦将"他者"视为"不懂我们的语言的人，如一个外国人"。当然，这既可以是孩童也可以是动物。因为重要的是取消"有意义"这件事的内在确定性，将它逼向无根基的不稳定性之中。

我在此重复一遍：恰恰只有在"有意义"这件事对于"他者"而言成立的时候，才谈得上"语境"，"语言游戏"也才成立。"有意义"这件事为何且如何成立，到最后都是不知道的。但在这件事成立**之后**，我们就能够说明它为何且如何成立——我们可以搬出规则、编码、差异体系等说法。换句话说，无论是哲学、语言学还是经济学，都仅仅是在这种"黑暗中的一跃"（克里普克语）或"惊险的一跃"（马克思语）**之后**成立的。规则是**事后**才被揭示的。

这种跳跃每次都是盲目的，正是在其中有着"神秘"。换言之，我们称作"社会性""实践性"的东西，与这种无根基的不稳定性有关。而我们所谓的"他者",必然是能够呈现交流和交换中的这种不稳定性的存在者。

二

我们要区别这一"他者"和萨特(Jean-Paul Sartre)笔下的他者。根本而言,后者源于黑格尔对于"主人和奴隶"的考察——也即自我意识和另一个自我意识的对抗。在这种情况下,一个自我意识和另一个自我意识是可以互换的,两者是同质性的。换言之,两者处于对称性的关系之中。然而,我们所谓的"他者"是异质性的,没有什么能保证"他者"会像我们那样思考。始终处于对抗之中也罢,以妥协与和解结束也罢,说到底,与"他者"之间的"游戏"是否成立都是不明了的。

萨特指出,他者的凝视将我们(自为的存在)凝固起来。但是,为什么(例如)猫的凝视就不能做到这一点呢?因为"语言游戏"在那里几乎不成立。用比喻的话来说,也可以认为"他者"就跟猫类似。猫有时对我们有所关注,有时则对我们熟视无睹。

而且,"他者"并不是如超验的上帝或全知的上帝一般的东西。例如,在神秘体验中,人们会"听到"无法抗拒的上帝的声音。或者,在强迫妄想(异化[xenopathic]体验)那里,人们会清楚地听到他人的声音,挥之不去。但是,这种他人的声音其实是自己的声音。明明是"倾听自我之言说"(德里达语),却将它理解为好像是在"倾听他人之言说"。在这种情况下,对于他者的通常"距离"变得不可能了。这一他者看透了我的一切,我无处藏身。

宾斯万格(Ludwig Binswanger)说过:"想要避开共同世界,以不瞩目的方式(不被看到,不被听到,总之不被发现)存在,在我看来这一愿望包含着精神分裂式的存在方式的一个根本问题。"(《精神分裂症》)此类患者一方面"想对他者隐藏自己",另一方面又做不到这一点。由于一切都被看透了,他们无法自如地**存在**。

但是,我无法从共同世界那里隐藏起来,同样意味着我无法从自身那里隐藏起来。

这种极端事例表明,上述"他者"归根结底就是自我意识。他者(上帝)的全知,等于说我知晓我所思考的内容。但我真的知晓我所思考的内容吗?或者说,"内在过程"真的存在吗?

"他者"恰恰颠覆了这种"倾听的立场"的明证性。别说看穿了我"内心"的角角落落,"他者"恰恰使得"内心"［本身］变得非常可疑。维特根斯坦举出的怀疑主义者,正是这种"他者"。对于从"内省"出发,或从事后揭示的规则出发进行的思考(哲学),并且,对于在内部考察"他者""外部"的思考,这一怀疑主义者都从根本上提出异议。

三

让我们试着在貌似与"内省"无关的数学领域对此进行考察。例如,谁都承认"2+2=4"这个算式。然后我们列出"2+3=6"这个式子。这不是写错了。如果将"+"这个符号的意思(规则)理解为"乘",那么就没错。在这种情况下,我们**事后**才揭示出同时满足和的规则。

接着列出"2+4=6",这样的话会如何?在这种情况下,可以想到(例如)以下规则:"+"的计算结果是6以上的话,结果就算作6。以此类推,每当我们列出新的式子,只要改变"+"这个符号的意思(规则)就可以了。在下一次情形中,"+"在什么意义上得到使用,无法事先决定。这一点应该也适用于一般意义上的语言。

在此,让我们像克里普克那样,把那里发现的"+"号称为"伽号"(与"加号"相对),把这种计算称为"伽法"(与"加法"相对)。进一步,在此让我们假定,"他者"会主张说,在我的计算中"+"已然是"伽号"。我无法反驳这样的主张。维特根斯坦的怀疑主义者就此出现:

> 这个怀疑论挑战……旨在表明,我过去行为的心灵历史中没有任何事实——即使是全知的至全者所知道的事实中也没有任何事实——能够确立我过去指的是加还是伽。而这看起来就意味着,关于我的任何过去的事实都不能构成我过去指的是加而不是伽。如果在我内部的心灵历史中或外在的行为中没有任何事实可用以回应这个怀疑论假说("我过去事实上指的是伽"),那么如何还能存在"我过去指的是加而不是伽"这回事?如果在过去根本不存在我指的是加而不是伽这回事,那么,在现在也就不可能存在这回事。当我们最开始提出这个悖论时,我们不得不使用语言,并将现在的语言意识看作是当然的。但是,现在我们看到,正如我们所预料到的,这个暂时的让步实际上是设想出来的。对于我用"加"指的是什么,或者无论任何时候其他语词指的是什么,可能并不存在这样的事实。这个梯子到最后必然

也会被丢掉。(克里普克:《维特根斯坦的悖论》)①

这是因为,"他者"所带来的是连"全知的上帝"都无法认知的不确定性。克里普克这里的论述,用下述例子加以说明可能更容易理解。当我售卖某个商品(哪怕是劳动力)的时候,这一商品的价值是在与"他者"的关系中被设定的。这个时候,就算"他者"声称该商品的价值(规则)事先就是这样,我们也无法反驳。因为[这里发生的事情]绝不是根据买卖(交换)来"实现"该商品的内在价值(事先具有的价值),而是相反,恰恰是实际的交换假定了该商品的内在价值。

更进一步,让我们思考一下再次转卖该商品的情况。哪怕我在前一次交易中假定了该商品的价值(规则),事实上这也是没用的。在下一次交易中,能够对"他者"形成反驳的"事实"并不存在。就算有"全知的上帝",他也无法确定该商品的价值。

在此有着"惊险的一跃"或"黑暗中的一跃"。就语言的问题来说,只要某个符号的使用在"他者"那里产生意义,换言之,只要"语言游戏"成立,那么其意义(规则)就得到了揭示。意义(规则)是"**跳跃**发生"之后发现的东西。

例如,阶段的语言游戏和阶段的语言游戏并不相同。换言之,"语言游戏"想法的提出,正是为了驳斥那种观点,即认为语言因为拥有某种规则或法则而"有意义"。正如维特根斯坦以玩抛球游戏的人为例所说的,我们并不是在所有时间内遵循一定的规

---

① 译文根据克里普克:《维特根斯坦论规则和私人语言》,周志羿译,桂林:漓江出版社,2017年,第28页。——译注

则,而是"边玩边制订规则"。

一定的规则无法决定将来的"行为方式"。例如,我无法保证说,某个语词将来仍然会在同一种意义上使用;这不是我恣意设想的结果,而恰恰是因为"有意义"这件事是否成立,不是我自己所能决定的。在这个意义上,"私人规则"是不可能的。

四

规则是"跳跃"发生*之后*发现的。"我们刚才的悖论是这样的:一条规则不能确定任何行动方式,因为我们可以使任何一种行动方式和这条规则相符合。"(《哲学研究》201)①这一"维特根斯坦的悖论"包含着多重问题。

例如,根据《圣经·新约》的记述,在最后的晚餐之后,耶稣对弟子们说:"你们都要跌倒了。"彼得回答道:"众人虽然跌倒,我总不能。"

> 耶稣对他说,我实在告诉你,就在今天夜里,鸡叫两遍以先,你要三次不认我。彼得却极力地说,我就是必须和你同死,也总不能不认你。众门徒都是这样说。(《马太福音》)②

但事实上,彼得在天亮前三次背叛了耶稣,之后想起了耶稣

---

① 译文根据维特根斯坦:《哲学研究》,陈嘉映译,第 123 页。——译注
② 译文根据和合本《圣经》,《马可福音》14:27—31。——译注

的话并哭了。这一桥段让人产生各种思考。

例如,当彼得说"我总不能"的时候,这是所谓"内心状态"或"私人规则"。在实际的"语境"中,他采取了不同的"行为方式"。他说的话(规则)无法决定"行为方式"。反过来,从他的行为来看,可以说根本不存在"我总不能"这种"内心状态"。在字面意义上,彼得在夜晚的"黑暗中的一跃"发生**之后**,终于想起了耶稣的话并哭了。

不过,耶稣在此是像"全知的上帝"那样,早已看穿了彼得的"行为方式"吗?如果是这样的话,之后被钉上十字架的时候,耶稣会大喊"我的神,我的神,为什么离弃我"①吗?所以,可以说,耶稣仅仅是熟知弟子们的心性,**直观地**把握并预言了他们在危急时刻会如何行事。与所有预言一样,仅仅从**事后**的角度来解释,耶稣的预言才**说准**了。不过,如果耶稣没有说这番话,事情会是怎样?彼得仍然会背弃耶稣。但那样他就仅仅背叛了耶稣,而不会背叛自己的规则(想法)。

从某种意义上说,这一桥段和希腊悲剧相类似。在悲剧中,主人公也是根据某种无知(盲目性)行动,逐渐认识并接受这种无知的不可避免性。然而,在基督教那里,对于上述桥段有着别样的理解。"规则"与"行为方式"之间的不可避免的鸿沟,被还原为彼得的内面(想法),归结为"罪",并通过耶稣的死来对此进行救赎。当然,这是保罗创立的基督教。

希腊悲剧人物那里,不存在这样的内面(想法)。他们不会混淆"根据规则"进行的实践和"相信是在根据规则"的想法。维特

---

① 译文根据和合本《圣经》,《马可福音》15:34。——译注

根斯坦这样说道:

> 因此"遵从规则"是一种实践。以为[自己]在遵从规则并不是遵从规则。因此不可能"私自"遵从规则;否则以为自己在遵从规则就同遵从规则成为一回事了。(《哲学研究》202)①

由此看来,维特根斯坦的悖论或"私人语言(规则)"的批判带有某种伦理含义。当然,这说的不是基督教意义上的伦理含义。如下文所说,维特根斯坦的"自然史"立场是一种悲剧性的立场。对他来说,这里存在的"盲目性"既不是要从理论上分析的事情,也不是要定罪的事情。根据他所说的"不要思考,要看",这种"盲目性"就是我们应该直视的现实本身。哲学没有直视这种实践上的乖离;相反,哲学一开始就在无视这一乖离的前提下寻求确实的根基。换言之,哲学从"内面"开始,哲学抹杀了"他者"。

五

这种对于哲学的批判,在马克思那里,体现且几乎仅仅体现在"经济学"批判之中。马克思的根本追问是,"有价值"(有意义)究竟是一种什么样的事态。如果没看到这一论点,那么马克思关于"价值形态"的讨论,也仅仅是符号学式的分析而已。相反,从**上述论点**出发重新审视马克思,就会发现:"价值形态"不但

---

① 译文根据维特根斯坦:《哲学研究》,陈嘉映译,第 123 页。——译注

无法归结为"通过关系的物化来对实体性价值作出批判"这种单纯的静态视点,而且彻底摧毁了这种从容的视点。例如,让我们看一下交换(等价)行为如何在事后确立价值形态:

> 可见,人们使他们的劳动产品彼此当作价值发生关系,不是因为在他们看来这些物只是同种的人类劳动的物质外壳。**恰恰相反**,他们在交换中使他们的各种产品作为价值彼此相等,也就使他们的各种劳动作为人类劳动而彼此相等。**他们没有意识到这一点,但是他们这样做了**。因此,价值没有在额上写明它是什么。不仅如此,价值还把每个劳动产品变成社会的象形文字。后来,人们竭力要猜出这种象形文字的涵义,要了解他们自己的社会产品的秘密,因为使用物品当作价值,正像语言一样,是人们的社会产物。后来科学发现,劳动产品作为价值,只是生产它们所耗费的人类劳动的物的表现,这一发现在人类发展史上划了一个时代,但它决没有消除劳动的社会性质的物的外观。①

将不同的劳动产品进行等价,不是因为这些物之中包含了某种"共同本质"(同质的劳动)。事实上,这种共同本质不过是在这些物等价**之后**才被假定的。

在此,马克思所谓被物化的"社会性质"究竟是什么,已经很

---

① 译文根据马克思:《资本论》(第一卷),中共中央马克思恩格斯列宁斯大林著作编译局译,第91页;强调为柄谷所加。——译注

清楚了。"社会性"不仅仅是"关系性"。毋宁说,"社会性"说的是存在于交换(=等价)这种"行为"那里的盲目的跳跃。等价这种行为方式不是根据"规则"决定的。**恰恰相反**。规则仅仅在每次发生等价行为*之后*得到揭示。

跟语言学一样,从一开始,作为科学的经济学的考察对象,就是那种在无视上述"社会性质"的前提下确立起来的规则体系。这一点上,无论是马克思视为靶子的古典派经济学还是之后的新古典派,都是一样的。例如,新古典派假定每个人都追求自身的利益最大化,考察人们如何从彼此之间竞争的"游戏"中形成均衡体系。但我们所说的"语言游戏"和这种游戏理论没有任何关系。并且,我们也无法假定人们(诸个人)都追求最大限度的利益。这种假定不是对经济活动作出规定的"规则",而恰恰是从市场经济这一"行为方式"出发回溯性地设立的规则。马克思的"经济学批判",包含着对于在哲学和各门科学那里遭到遮蔽的、日常生活中寻常之事的洞见。

人们"没有意识到这一点,但是他们这样做了"。通过这种方式论述的"社会性质",也即无根基的、盲目的、实践性的存在方式,绝不会被"无意识"等概念消解。例如,弗洛伊德的精神分析试图阐明"无意识",但和荣格(Carl Gustav Jung)的精神分析不同,弗洛伊德并没有假定"共同本质"之类的规则。患者和医生的对话关系,或那里存在着的"社会性格",是绝对无法排除的。在这里,只存在着拉康(Jacques Lacan)所说的"无止境的分析"。毋宁说,精神分析的功绩恰恰在于阐明了以下这一点:我们既无法从孤立个体的"内省"出发,也无法从"客观"的立场出发。

反过来说,如果我们将"没有意识到这一点,但是这样做了"

归结为"无意识",那么这就相当于将彼得的背叛归结为内面性的"罪"。由此,社会性的"神秘"消失了,取而代之的是理论上的"神秘主义"。

由于黑格尔将自我运动的"精神"视为主体,这种"神秘主义"所有人都看得明白。然而,不采取这种表现形态的理论上的"神秘主义"其实到处存在。对黑格尔来说,"本质在结果那里显现"。换言之,黑格尔把握到的,正是从作为盲目跳跃的"行为方式"那里回溯性地揭示的规则。事实上,虽然每一次跳跃都是盲目且多维度的,但黑格尔却假定了一种能从结果处看透一切的"全知的上帝"="精神"。

但即便除去这种"精神",如果我们[仍然]从事后的规则体系出发,那么结果也一样。并且,相对于这种均衡体系,从根本上假定自我差异化的、因而不均衡的体系,这种做法到头来也是一样的"神秘主义"。不同于稀松平常的日常生活中存在的"神秘"(社会性),这种"神秘主义"向我们提示了深刻的认识。但是,对我们来说,这种认识既不可能也不必要。

六

哲学只是把一切摆到那里,不解释也不推论。——既然一切都公开摆在那里,也就没什么要解释的。而我们对隐藏起来的东西不感兴趣。

也可以把一切新发现和新发明**之前**的可能性称作

"哲学"。(《哲学研究》126)①

在这里,维特根斯坦在肯定的意义上使用"哲学"一词。也就是说,哲学既不奠定基础,也不彰显"隐藏起来的东西"。"哲学问题具有这样的形式:'我找不着北'。"(《哲学研究》123)②如果我们想到"找不着北"而哭泣的彼得,那么下面这段话应该就容易理解了:

> 借助数学或逻辑数学的发现去解决矛盾,这不是哲学的事业。哲学的事业是让困扰我们的数学状况、让矛盾解决之前的状况变得可以加以综观。(而这并不意味着绕开困难。)
>
> 这里的基本事实是:我们为一个游戏定下规则——一项技巧——,而当我们跟从规则的时候,发生的事情却与我们原来设想的不一样。于是我们就像被自己的规则绊住了。
>
> 我们的规则里的这类羁绊是我们想要弄懂的,即想要加以综观的。
>
> 这种羁绊为我们的"料想"概念投下一缕光亮。因为在这些情况中,事情同我们原先所料想的、所预见的不一样。出现了矛盾,或在诸如此类的情况下,我们就

---

① 译文根据维特根斯坦:《哲学研究》,陈嘉映译,第76页;强调为原文所有。——译注

② 译文根据维特根斯坦:《哲学研究》,陈嘉映译,第75页。——译注

说:"这我没想到。"

矛盾的市民地位,或矛盾在市民世界中的地位:这是哲学问题。(《哲学研究》125)①

在这里,维特根斯坦没有区分逻辑数学的"矛盾"和市民世界里的"矛盾"。换句话说,他没有像在前期《逻辑哲学论》中那样,区分逻辑性的事情和伦理性的事情。虽然他谈的始终是数学基础论的问题,但在某种意义上,这也是伦理问题。当我们做出了跟[自己的]"推测""不同"的事情,并对于这一"事实""找不着北"——在维特根斯坦那里,这就是"哲学"的出发点。而"哲学的事业"便在于提供"之前与之后"的"综观"。当然,这并不意味着"绕开困难"。

维特根斯坦所谓的"综观",几乎就是尼采所谓的"谱系学"。这种综观(perspective)为尼采所谓"透视的倒错",即"被规则绊住"的状态"投下一缕光亮"。尼采的谱系学的目标,是将同一性意义(规则)重新投入到不确定性和无根基性之中,或投入到多样性和多维度之中。换句话说,即投入到"各种力量的出现场所"之中。

然而,我们无法对这种"力量的出现场所"作出**假定**或**推论**。更准确地说,我们可以用"维特根斯坦的悖论"来概括尼采的"谱系学"问题。换言之,尼采在各种层次和领域上从事的"哲学事业"始终体现为:向"规则"得以设立、同一性(以及由此揭露的差

---

① 译文根据维特根斯坦:《哲学研究》,陈嘉映译,第 76 页;稍有改动。——译注

异性和矛盾)得以设立的那种连接点,投去[照亮]"**之前**"[状态]的"综观"。

如果我们揭示黑格尔辩证法那里存在的那种将各个"黑暗中的一跃"予以事后性规则化的思考,那么这就构成了黑格尔批判;同样,如果我们揭示柏拉图那里存在的那种对于不变的同一性(理念性的规则和意义)的根本假定,那么这就构成了柏拉图批判。然而,完全没有必要将问题限定在这些特定的名称和时期。因为此类思考并不是仅仅为"西方形而上学"所固有的东西。

尼采的"谱系学"式思考,必须区别于那种**对前后一览无遗**的历史主义式的思考。我们不可能找到那种存在于"行为"**之前**并决定行为方式的"规则"。但是,这也绝不是所谓"多元决定"(阿尔都塞[Louis Althusser]语)的问题。使得尼采的谱系学得以可能的,正是他对"他者"的引入(虽然他没有这样说)。这里的"他者",就是在我们领会规则(意义)的瞬间被排除出去的"外在性"。

不过,从维特根斯坦的悖论角度考察尼采的谱系学问题,反过来也可能帮助我们理解维特根斯坦"没说"的东西。"综观"与过去相关。但重要的是,哪怕是在当下,决定"行为方式"的"规则"也并不存在——换言之,这种"综观"不可能存在。将当下的规则投射到将来并遵从这种规则行事,这正是"被规则绊住"。行为始终是"黑暗中的一跃"。尼采试图积极地肯定这一点。认为前方存在同样的规则,这种假定行为正是"回忆"(基尔克果语);而与之不同的行为、创造规则的行为,则被称为"反复"或"永恒回归"。

维特根斯坦对此没有说过什么。但他的悖论显然无法停留在克里普克向我们提示的地方——即"共同体"的先行性。

第四章

世界的边界

世界の境界

一

维特根斯坦的"私人语言"批判是以"疼痛"为例展开的。也就是说,它是通过下述问题展开的:我们是否具有无法向他人传达的疼痛,或者,我们是否无法知晓他人的疼痛。因此,人们对于这一部分的讨论,往往将它和有关数学基础的考察割裂开来。只有克里普克对此提出了根本异议:

> 维特根斯坦视数学哲学的基本问题与"私人与言论证"——关于感觉性语言的问题——在根底上是同一个问题,都源于他的悖论。

> ["私人语言论证"中]真正被否定的是那种可以称为遵从规则的"私人性模式"的东西。①

这里有两方面的例子:一方面是数学,它被认为超越了所有文化、社会、时代的语境,被认为是对任何人来说都存在的普遍性

---

① 译文根据克里普克:《维特根斯坦论规则和私人语言》,周志羿译,第26,146页。——译注

事物;另一方面则是内在感觉及其语言,它们仿佛完全属于个别存在。对维特根斯坦而言,这两个极端本身并不重要。所以,他没有就这两者展开专门性的讨论。但他想说的论点足以用来同时批判这两个极端。

在思考语言的时候,我们通常会把语言和对象(物)关联起来。但如果例子是位于语言的一个极端处的数学,就没办法这样做了。如果我们不接受那种柏拉图主义——即认为数学对象实际存在、数学家的工作就是探求并"发现"这种实在(大部分数学家的确如此相信)——那么,数学也就不过是发明所谓"规则"的一个实践过程。在探讨这个问题之前,我们首先要明确一点:数学语言的对象是否实际存在,这是自古以来就被讨论的一个问题领域,毋宁说,希腊"哲学"问题就是从这里生长出来的。而且,还需要明确的一点是:自19世纪后半叶人们逐渐将数学视为一个形式性的规则体系(公理体系)以来,把语言视作与对象(referent)无关的形式性差异体系的观点也开始出现了。

另一方面,在"疼痛"等"感觉语言"的问题上,它的"对象"本来就非常含混。我们无法像谈论"这里有张桌子"那样来谈论"疼痛**存在**"。根本而言,"疼痛"并不是实实在在的东西——它只不过是"语言游戏"内部习得的语言用法而已。

唯我论固执于我**自己**的疼痛,而且认为"无法知晓"他人的疼痛;就此而言,对它作出批判似乎并不困难。例如,似乎只要提到"人是在社会中被个人化的"(马克思语)就可以了。巴赫金或许还会说,社会的对立概念不是个人,而是自然。于是,仿佛可以说:作为感觉的疼痛是生物学和生理性的,而作为语言的疼痛则是社会性、文化性的。但这个二分法非常可疑。它仅仅转移了

"社会与个人"的对立,而没有追问那里本来就存在着的**扭曲**。毋宁说,在这个意义上,正因为维特根斯坦执着于私人感觉的问题,他才在社会=共同主观性的层面上不断制造**摩擦**。"我想说:你把人们能向一个人传达些什么这件事儿看得太过不言自明了。"①

二

维特根斯坦说,不存在私人语言或私人规则。但是,这并不直接意味着,规则就是共同的或社会性的。例如,大卫·布罗尔(David Bloor)指出,维特根斯坦受到了涂尔干的影响(《知识社会理论》)。但这种看法恰恰忽视了"社会性"问题中最困难的一点。

从涂尔干的观点来看,语言等制度是"集体意识",是超越所有个人意识的"社会性事实"。这是很平常的二分法。一边是主观领域,另一边是超越这些主观性的制度和形式,或共同主观性的领域。在涂尔干自己的论述中,这是康德伦理学的社会学变体。在考察"超越所有个人意识"的制度或规则体系的时候,人们很容易不自觉地落入这种思考模式。

个体性和社会性的二分法,以及将两者联系起来的方法:称之为"个与类"也罢,"个体与全体"也罢,不管怎么称呼——主观与客观(巴赫金语)、言语与语言(索绪尔语)、实存与结构——这些论述都没有超出被重复了好多遍的问题(=解决)机制。

如果认为维特根斯坦的"私人语言"批判和上面这种思考——为社会性和制度性赋予优先级——处于同一层面,那就搞

---

① 译文根据维特根斯坦:《哲学研究》,陈嘉映译,第 175 页。——译注

错了。确实,维特根斯坦试图摒弃从意识=主观出发的思考。但这不是为了达到那种"对谁而言都"存在的、共同主观性和社会性的形式。实际上,他的"私人语言"批判,批判的是相对于"私人语言"而设定的社会性规则或共同主观性规则,或者说,批判的是将两者对立起来的思考本身。

的确,规则是社会性的。然而,这并不意味着,社会性的规则或社会(共同体)存在于**某处**,我们遵从它们而行事。例如,通常我们会认为,某人"遵从规则"的话,就会被共同体接纳。就好像说英语的时候,如果遵从英语的规则,那么就能被说英语的共同体理解。但是,如克里普克所说,维特根斯坦将这个命题变成了一个"对偶"命题:也就是说,如果某人不被共同体所接纳,那么这个人就被视作"没有遵从规则"。

这个细微的变化具有重大意义,但不容易理解。甚至强调这一点的克里普克的论文本身,基本上也遭到了误解。也即,社会性的规则和制度被理解为积极存在的东西。但其实是这么一回事:例如,我是否理解某个词的"意义",取决于他者(共同体)是否承认我对该词的用法没错。如果我的用法有错,那么他者要么会笑,要么会说"不对"。这时候,我就被视作"没有遵从规则"。但是,在此需要注意的是,他者在这个时候并没有积极明确地讲出规则。他仅仅说了一声"不对"。这也就意味着,规则并非在某处以积极明确的方式存在着(参见第八章"教与说")。

在私人的意义上"遵从规则"是不可能的,这相当于说,积极明确地表达规则是不可能的。或者,这相当于说,"有意义(遵从规则)"是无根基的、不稳定的。在这个问题上,不存在例外。对于弗雷格(Gottlob Frege)这样的柏拉图主义者而言,算数是"所有人"都能接纳的普遍规则。但维特根斯坦驳斥了这一点。换句话说,他驳斥了认为只有数学规则具有先验性的康德主义。因为一般意义上的"规则"都是如此。

维特根斯坦说道:"一个词的含义是它在语言中的用法。"(《哲学研究》43)①在此,所谓"语言中",意思是语言的规则体系之内。不过,如果我们由此将语言的体系和用法分离开来,就成了"语言"和"言语"那样的思考方式。并且,那种将超越语境的同一性和普遍性意义与语境性意义区分开来的想法,也会冒出来。此类分离恰恰是"社会性"与"个体性"的二分法的变体。我们必须如此重新表述:当他者承认"有意义"的时候,而且仅当在这个时候,才存在"语境"和"语言游戏"。换言之,只有在这个时候,我们才是"遵从规则"的。

提到"共同体",很容易将它视作对于人类总体、国家或集体的表象。我们不妨仅仅将"共同体"视为共同性。这样的话,共同体在各处都是多种多样的,"他者"也会在各处出现。因此,语言游戏也是多种多样、始终在变动的。当然,随着种种语言游戏的存在,"世界"也林林总总。维特根斯坦曾在《逻辑哲学论》里写道:"幸福之人的世界,和不幸者的世界是不同的世界。"我们的"世界"存在于这个语言游戏之中。不存在超越其上的"客观"世界,因为[所谓的"客观"世界]也属于(物理学家们的)语言游戏。我们无法怀疑这个"世界",因为"怀疑"也得在语言游戏的内部才有可能。

---

① 译文根据维特根斯坦:《哲学研究》,陈嘉映译,第33页。——译注

77

三

如多次论述过的那样,谁都可以是这一"他者"——只要它为我们的"世界"划出边界:

> "那么你是说,人们的一致决定什么是对,什么是错?"——人们**所说的内容**有对有错;就所用的**语言**来说,人们是一致的。这不是意见的一致,而是生活形式的一致。(《哲学研究》241)①

> 遵从一条规则类似于服从一道命令。我们通过训练学会服从命令,以一种特定的方式对命令作出反应。但若一个人这样另一个人那样对命令和训练作出反应,那该怎么办?谁是对的?
> 设想你来到一个陌生的国度进行考察,完全不通那里的语言。在什么情况下你会说那里的人在下达命令,理解命令,服从命令,抗拒命令,等等?
> 共同的人类行为方式是我们借以对自己解释一种未知语言的参照系。(同上,206)②

---

① 译文根据维特根斯坦:《哲学研究》,陈嘉映译,第 134 页;强调为原文所有。——译注

② 译文根据维特根斯坦:《哲学研究》,陈嘉映译,第 124 页。——译注

但是,在此要注意一点:并不是因为存在着"共同的人类行为方式",语言游戏才成立,而是相反。例如,维特根斯坦说:"即使狮子会说话,我们也理解不了它。"①这句话既不是说狮子不使用语言,也不是说由于我们和狮子不具有"共同的生活形式",所以不理解狮子说话。

这句话可以换成下面这个说法:即使外国人会说话,我们也理解不了外国人。

实际上,我们多多少少能理解外国人。同样,我们或许也多多少少能理解狮子。就此而言,可以说具有"共同的生活形式"。换句话说,当维特根斯坦从"共同的生活形式"中发现"世界"的边界时,他并没有试图在唯一的意义上划定这个领域。人和动物也好,人和机器也好,我们都无法为其划出一条明确的界线。这条界线即使存在,也是不断浮动的。

图灵(Alan Turing)认为,在"机器是否思考"的问题上,如果人和机器对于某个问题作出的回答无法区别,就可以视作机器是在"思考"。"思考"作为一直被赋予人的特权,在此被放弃了。"思考"单单就是"计算"。当然,由于计算是根据"遵从规则"作出的,我们就必须追问什么是"遵从规则"。但是,下面这种"区别"是完全无效了,即认为由于机器没有"思考"的"内心状态",机器就跟人不一样。尽管如此,以"身体"(德雷福斯[Hubert Dreyfus])的有无来探讨计算机和人的差异,也是徒劳的。"计算机不能做什么"根本不成问题,因为就算人工智能达到了人类的水平,它也会追问什么是"遵从规则"。人和机器的区别不过是前

---

① 译文根据维特根斯坦:《哲学研究》,陈嘉映译,第350页。——译注

文提到的二分法的变体,它让我们安心地远离[什么是"遵从规则"]这个问题。

> 人们有时说动物不说话是因为它们缺少心智能力。也就是说:"动物不思想,因此它们不说话。"然而:它们就是不说话而已。或者说得恰当些:它们不使用语言——如果我们不算最原始的语言形式。——命令、询问、讲述、聊天,这些都和吃喝、走路、玩闹一样,属于我们的自然历史。(《哲学研究》20)①

有论者由此考察人与动物、人类语言与动物语言的差异。但是,维特根斯坦想要否定的是"动物不思想,因此它们不说话"的想法。他否定的是思考作为"内在过程"的**存在**。行为动物学家已经表明,跟某种动物可以在某种状况下产生交流。他们**大致**感到跟动物之间的语言游戏是成立的。这一事实令我们感到不安。所以,洛伦兹(Konrad Zacharias Lorenz)等学者将人类界定为有缺陷的动物,而这看起来是对于"人类中心主义"的否定,其实不然。那些将人类视作患有欠缺=过剩之疾的动物,并由此说明社会制度之必然性的理论,已经是某种问题(=解决)机制的变体。

毋宁说,我们应该逗留在"不安"之中,即逗留在边界的不安定性那里。在哪里可以划出明确的界线呢?差异确实存在,但无法划出明确的界线。对精神分裂症患者,也可以说同样的话。不

---

① 译文根据维特根斯坦:《哲学研究》,陈嘉映译,第20页。——译注

存在彻彻底底的病人。但如果我们感到哪里有些不对劲,他们也同样这么觉得。就算他们具有不同的"世界"、不同的"行为方式",也无法对此作出界定。这让我们感到不安。因为在这个时候,我们有关"有意义"这件事的内在确定性被动摇了。这个时候,我们必然会逃到"客观"世界中去,断定他"发疯了"——但我们却忘了,"客观"世界无非是一个语言游戏。"我们不识界线是因为没划出界线。"(《哲学研究》69)①

四

把人定义为"……的动物",便是首先看到人和动物的同一性,然后寻找差异。但维特根斯坦上文的说法,质疑的就是这种同一性和差异。他关注的是无法明确划定的同一性和差异。简言之,对他来说,动物就是"他者"。这便是他的"自然史"立场。后者有别于"自然科学"的立场。

进化论的出发点,是在时间上重新理解生物谱系树——后者的基础是解剖学意义上的同一性和差异。但这不过是对世界的"说明"而已。维特根斯坦的"自然史"立场与此根本不同。因为它不是给出自然史意义上的综观,而是表明:任何一种综观都是在语言游戏内部才有可能,或者说,不存在语言游戏**外部**的客观世界。我们可以就宇宙的起源和终结进行思考,但这里没有神秘。"世界"存在,这件事才是神秘。"神秘的不是世界是怎样的,

---

① 译文根据维特根斯坦:《哲学研究》,陈嘉映译,第50页。——译注

而是它存在。"(维特根斯坦语)①

语言游戏多种多样,所以"世界"(的边界)也多种多样。不过,如果不考虑以下两个因素——即关系到语言游戏成立与否的无根基的不稳定性,以及我们在给"世界"划定边界上的不可能性——那么上面这一点也没什么重要。相对于由明确的同一性和差异构成的世界,维特根斯坦看到了"复杂的相似性网眼"的世界的存在方式。可以说,著名的"家族相似性(family resemblance)"的思考就由此而来。

关于这一点,他以"游戏"为例:

> 例如,我们可以考察一下我们称为"游戏"的活动。我指的是棋类游戏,牌类游戏,球类游戏,角力游戏,等等。它们的共同之处是什么?——不要说:"它们**一定有共同之处**,否则它们不会都叫作'游戏'"——而要看看所有这些究竟有没有某种共同之处——因为你睁着眼睛看,看不到所有这些活动有什么共同之处,但你会看到相似之处、亲缘关系,看到一整系列这样的东西。像上面说的:不要想,**而要看**!——例如看看棋类游戏,看看它们的各式各样的亲缘关系。现在转到牌类游戏上:你在这里发现有很多和第一类游戏相应的东西,但很多共同点不见了,另一些共同点出现了。再转到球类

---

① 引文出自维特根斯坦:《逻辑哲学论》6.44,译文根据黄敏:《维特根斯坦的〈逻辑哲学论〉》,上海:华东师范大学出版社,2010年,第450页。——译注

游戏,有些共同点还在,但很多没有了。——它们都是**"消闲"**吗?比较一下象棋和三子连珠棋。抑或总有输家赢家或在游戏者之间总有竞争?想一想单人游戏。球类游戏有输赢;可小孩对着墙扔球接球玩,这个特点又消失了。看看技巧和运气在游戏中扮演的角色;再看看下棋的技巧和打网球的技巧之间的不同。再想一想跳圈圈这种游戏:这里有消闲的成分,但是多少其他的特点又不见了!我们可以这样把很多很多其他种类的游戏过一遍;可以看到种种相似之处浮现出来,又消失不见。

　　这种考察的结果是这样的:我们看到了相似之处盘根错节的复杂网络——粗略精微的各种相似。(《哲学研究》66)①

　　我想不出比"家族相似"更好的说法来表达这些相似性的特征;因为家族成员之间的各式各样的相似性就是这样盘根错节的:身材、面相、眼睛的颜色、步态、脾性,等等,等等。——我要说:各种"游戏"构成了一个家族。(同上,67)②

在"游戏"那里,不存在"共同本质",只存在"家族相似"。当

---

①　译文根据维特根斯坦:《哲学研究》,陈嘉映译,第48—49页。——译注

②　同上,第49页。——译注

然,所有概念都可以这么说。只需想一想被称为"动物"的那么多生物的"共同本质"。不过,需要注意,维特根斯坦并不是在讨论概念。他谈论的始终是语言游戏的多样性。① 尼采说过:"一切概念都产生于将不平等的东西等价起来的时候。"但是,对维特根斯坦来说,事物的多样性并不是问题。毋宁说,"进行等价"在实践意义上的盲目性和无根基性遭到了遗忘,这才是问题。

为了帮助理解,让我们援引马克思的价值形态论作为例子。价值形态是某个商品因为和别的东西"等价"而被赋予的形态。这里不存在根据或"共同本质"。马克思将这种商品关系的连锁称为"扩大的价值形态"。这和家族相似是一回事。如果在这种关系的连锁(交错)的构成中,某个商品占据了排他性的中心地位,那么就会产生"一般价值形态"(货币形态)。在货币形态下,人们会认为,所有商品都**因为**具备某种"共同本质"而被等价起来。

在马克思的论述中,"人们没有意识到这一点,但是他们这样做了(进行等价了)",正是这种无根基性和盲目性被称为"社会

---

① 因此,家族相似的问题,必须和集体中的"结构"的问题区别开来。例如,动物的"集体"不仅可以根据生物谱系树进行分类,还可以根据"天上飞的"(鸟、蝙蝠、飞鱼等)、"说话的"(人、鹦鹉等)等范畴进行分类,而此类"复杂的相似性的网眼"可以被理解为"半格(semilattice)"结构。"家族"结构同样如此。但是,"半格"结构也好,将它解构而得到的"块茎"也好,都不同于家族相似。因为家族相似是从"社会"实践的存在方式引出的,而"块茎"则是将上述实践的结果状态予以静态理解的产物(这一状态就算是动态的,也被当作**自我**差异化和多样化的东西来理解)。

性"。由此,社会关系在货币形态下,或在我们的"意识"中被遮蔽起来。① 在这个意义上,家族相似就是"社会性"的关系性。维特根斯坦写道:

> 因为我们的语言的样貌能让所有东西变得均一,所以每天发生的语言游戏的种种难以名状的多样性无法被我们意识到。(《哲学式的考察》)

同样,在马克思那里,货币形态的成立不是一个历史问题。并且,尽管货币形态遮蔽了"社会关系",这也不是说后者藏匿在某个深处。只要看一下所有人日常进行的经济活动就能明白,"社会关系"毋宁说彻彻底底是表面性的东西:

> 我们提供的其实是人的自然史的评论;但不是奇闻异见,而是一些没有人怀疑过的论断,它们没引起评论,

---

① 马克思所谓的"社会关系的遮蔽",一般被理解为"物化",即原本是关系性的东西被实体化。如果是这样,不必是马克思,其他人也可以说出这种论述。而且,例如在语言的问题上,认为语言本来是差异性关系体系(分节化),但遭到了物化,使得世界被当成"实体性"的存在——此类批判也是同一回事(参见丸山圭三郎)。

人们由此提出了**一种根源性的**批判和治疗法。但是,恰恰是这些理论构成了对"社会性"的遮蔽。不存在我们需要追溯的共同主观性世界,也不存在超越分节化的那个连续而混沌的世界。这些要么因为位于语言游戏外部而无意义,要么本身就是语言游戏的一部分。这些理论仅仅作为叙事而发挥作用。

只因为它们始终摆在人们眼前。(《哲学研究》415)①

"将语言游戏视作起源!"——维特根斯坦的这句话的意思,并不是让人回到某个"根源",或追溯地奠定某种原初性的根基。这句话不过是要我们注意眼前"每天发生的语言游戏"。"并没有单独一种哲学方法,但确有哲学方法,就像有各式各样的治疗法。"(《哲学研究》133)②如果语言游戏的多样性来自"社会性",那么对于遮蔽这一点的[那些]"哲学",治疗法也不可能是**一种**。并且,需要注意的是,维特根斯坦所谓的治疗,并不意味着变得"健康"或"完全"。因为,如果哲学是治疗法,那么它不是为了消除"黑暗中的一跃",而恰恰是为了正视它,从而直面"他者"。维特根斯坦所谓的"哲学"是伦理性的。

---

① 译文根据维特根斯坦:《哲学研究》,陈嘉映译,第192页。——译注
② 同上,第78页。——译注

第五章

他者与精神分裂症

他者と分裂病

一

对面是客观世界，这里是主观性——现象学还原将这种自明性放到括号里。关于这种还原，胡塞尔采取了方法论上的唯我论。不过，胡塞尔所谓的"先验主观"绝不是单独一人。它是所有人基底处存在着的独一无二的主体，在这个意义上它是唯我论。

例如，由现象学出发的精神病理学家布兰肯伯格（Wolfgang Blankenburg）指出，精神分裂症患者**经历着**"现象学还原"。对精神分裂症患者来说，"在我们周围从根本上支撑与事物的所有联系的那种自明性，成了可疑的东西"（《自明性的丧失——精神分裂症的现象学》）。

但是，现象学还原不同于精神分裂症的地方不仅在于，前者只是在方法上将"自明性"放进括号里，所以任何时候都可以回到自然的自明性的世界。因为令精神分裂症患者感到痛苦的，是所谓"单独一人"［的状态］。他被和"先验主观"区隔开来。换句话说，在成为"构成"他我的主观之前（如胡塞尔所说的那样），精神分裂症患者已经在面对"他者"了。也就是说，他所直面的是［他］自己无法构成的他者的他异性。

在布兰肯伯格所理解的精神分裂症患者的世界里，少了什么东西。简言之，少了直面"他者"而"言说并行动"的精神分裂患者。换句话说,在用现象学方法把握的精神分裂症患者的世界里,跟现象学一样,他者被中性化了。在此,他者成了次要的问题。但除去对于他者的言语和行动,精神分裂症患者的"内在世界"本身还**存在**吗?

他们的言语和行动(哪怕是无为和沉默),恰恰表现为对他者的交流。所以,我们应从"(向他者)言说"的立场来考察精神分裂症患者。

在此,贝特森(Gregory Bateson)的考察具有借鉴意义。他试图通过幼儿期的家庭内部关系中"双重束缚"状态下的体验,来说明精神分裂症。所谓"双重束缚"状态,指的是被给予两个信息,这两个信息属于相互不同且彼此矛盾的类型(仲裁机制)——例如"不要服从我的命令"这种命令——并且,无法判断应该回应哪个类型的信息,也就是"无法形成元交际层面上的陈述"。贝特森指出,如果一直重复这种关系,就形成了精神分裂症的先行条件。

但是,对我们来说,重要的不是上面这一点。毋宁说,仅仅从"倾听=接受"的立场看待"双重束缚"状态,那就搞错了。那样就如贝特森自己所说,把问题变成了逻辑悖论。重要的是,"双重束缚"状态恰恰是在对"他者"作出回应的时候才显现出来。

例如,马克思指出:"商品如果不是使用价值就不可能是交换价值,如果不是交换价值就不可能是使用价值。"但是,商品或商品所有者的这种"双重束缚",仅仅意味着商品实际上必须要卖给他人。抛开"对他者售卖"的行为,谈什么商品的逻辑矛盾都是扯淡。

根据贝特森的论述,精神分裂症患者所恐惧的是,他对他者"说"的话会"意味着"别的东西。换句话说,他们知道交换(交

流)是"惊险的一跃"。因此,贝特森从精神分裂症患者的奇特言行中,发现了他们的策略:

> 而且,当精神分裂症患者感到自己陷入"双重束缚"的时候,他们会混淆自己言语中的字面意思和隐喻意义。例如,某位患者也许想要批评比约定时间晚到的医生,但也许他无法确定"在治疗时间上迟到"的行为属于何种信息——尤其是,如果这位治疗医生可以预想这位患者的反应并对迟到一事道歉的话。这位患者不能说:"为什么迟到了?今天不想给我看病是吗?"如果说了这种话,就成了对治疗医生的责骂,所以患者不会直接这么说,而会代之以隐喻式的陈述。于是,患者也许会说:"过去我有个认识的人,他没能乘上小船,这个男的名叫萨姆,小船就沉了……"等等。像这样,患者编造出一个比方,然后医生也许可以从中发现针对自己迟到所作的评价,也许发现不了。使用隐喻的好处在于,如果医生希望的话,就可以从患者的叙述中读出责备,同时医生也可以选择无视这一责备——一切都交给医生(或母亲)来决定。如果医生理解了患者所用的隐喻中埋藏的责备,这个时候患者就可以把自己有关萨姆的话理解为一个比方。如果医生指出,患者的这个故事听起来不像是关于萨姆的真实陈述,倒像是用来回避其中埋藏着的针对自己的责备的伎俩,那么患者就可以坚持说,萨姆这个人是实际存在的。作为针对"双重束缚"状况的一种解答,将话语变成隐喻可以带来安全感。尽管如此,

它也妨碍了患者说出他想说的责备。但是,精神分裂症患者并不会通过表明这是一个隐喻而让对方明白自己的责备,而是会努力将自己的隐喻往更加异想天开的方向发展,从而让对方明白自己的话是隐喻。如果治疗医生想要无视患者包含在萨姆故事中的对于自己的责备,那么这个时候,精神分裂症患者可能就会讲述一个乘坐宇宙飞船向其他星球去的故事,以此来实现自己的责备。能够显示这一故事的隐喻性质的,乃是这则故事的异想天开的特征,而不是通常伴随着隐喻的那些信号,即让听者明白说话人在使用隐喻的那些信号。(《双重束缚》)

这些都和布兰肯伯格所理解的精神分裂症患者的世界完全不同。例如,哪怕在精神分裂症患者拒绝他人、彻底沉默的时候,也不是"丧失自明性"的被动状态,而是一种对于他者的策略性交流。

当然,由于我们在此要谈论的并不是精神病理学,不该说哪一种解释是对的。不过,至少可以指出一点:由"倾听"的立场出发并将这一立场贯彻到底,这种现象学还原(怀疑)与精神分裂症很相似;而如果将"教"的立场贯彻到底,会发现它同样和精神分裂症很相似。换言之,如果胡塞尔式的怀疑或现象学构成了一个极端,那么维特根斯坦式的怀疑或语言游戏就构成了另一个极端。或不如说,如果不这样理解的话,就错失了"语言游戏"概念的划时代性。

二

"语言游戏"的概念不仅不以通常的(规范性的)交流为前提,而且对这种交流提出质疑。它不以规范或同一性和标准性的"意义"为前提,反而阐明了这些是为何且如何形成的。

在通常交流的模式中,对话其实是独白(巴赫金语)。因为在那里,言说者和倾听者都是一样的,说到底,"我"就是"言说=倾听"。巴赫金强调语言的对话性,毋宁说正是为了拒斥通常的对话。

根据巴赫金的论述,柏拉图的"对话"不具有对话性。在那里,只有柏拉图一个人在说话,只有一个声音。就算有许多声音,也不是"众声喧哗"。例如,巴赫金指出,莎士比亚的戏剧也不具有复调性质。在对话的问题上,最能体现其思考的当属《陀思妥耶夫斯基论》:

> 陀斯妥耶夫斯基在其第一部作品中,就创造了为他全部创作所特有的一种语言风格,其中一个决定因素,便是总要极力预测他人语言。这一风格在后来的创作中具有重大的意义:主人公们最为重要的一些自白式的自我表述,无处不贯穿着他们对于他人语言的紧张揣测,要考虑到他人对这种自我表述会说什么,对这自白会有何反应。不仅这类自我表述的语调和风格,还有它的内在语义结构,都取决于对他人话语的猜度结果:无论是戈利亚德金自怨自艾的申明和解释,还是伊万·卡拉马佐夫在伦理上和玄学上的托辞,都是如此。在《穷

人》中,开始形成了这一风格的一种变体,可称"逆来顺受的"变体,这种语言是怯懦的、惶愧的、察言观色的语言,同时还带着极力克制的挑战。

这种察言观色的小心谨慎,首先表现为这风格所特有的语言阻塞,和由于不断解释所造成的语言中断。

"我住在厨房里,或者换个说法就会准确得多:挨着厨房有一个小间(我得告诉您,我们的厨房可是一间干净、光线充足的上好房子),屋子不大,就那么一个不起眼的小窝……也就是说,或者更准确点说,厨房是一间有三个窗户的大房间,我把这厨房横着隔了一道墙板,这样就像又多了一个房间,一个外加出来的房间。这屋子挺宽敞舒适,还有一个窗户,什么都齐全,总而言之,一切都很舒服。喏,这就是我的小天地。可是,亲爱的,您可别以为这里有什么别的原因,还有什么没说出来的意思:嘿,住的是厨房!是啊,我确实就住在这间厨房的隔板后面,但这没什么不好的;我一个人单独生活,自己不声不响地、安安静静地过日子。我在屋里放一张床、一张桌子、一个五屉柜、两把椅子,还挂了一张圣像。确实,有比这更好的住处,也许还好得多,可是最重要的是要方便,要知道我这样完全是为了方便,您别以为这是为了什么别的缘故。"①

---

① 译文根据巴赫金:《陀思妥耶夫斯基诗学问题》,《巴赫金全集》(第五卷),白春仁、顾亚铃译,石家庄:河北教育出版社,1998年,第274—275页。——译注

陀思妥耶夫斯基笔下的人物，在自己说完话之后，在对方回答之前，会事先揣摩对方的回答，并为了否定这种回答而继续说下去。在通常意义上，这不是对话，而是一方面的独白。然而，使之具有对话性质的是，这些人物的话语都是"向他者"发出的。对他们来说难以忍受的是，"说出（say）"的东西总是"意味着（mean）"别的东西。或者说，[对他们来说难以忍受的是]下述条件，即是否"有意义"不是由自己（私人规则）决定，而是完全取决于他者。

这些人物说个不停，不是因为他们爱交际；相反，这是因为他们陷在一个意义和符号成为一体的世界，即"内在世界"之中。然而，这种"内在世界"是不存在的。因为就算他们说话是为了事先揣测他者所强加的意义（规则）并将它收编，[他们说的话]也会"产生意义"。

这跟自我意识（他者意识）过剩是两个问题。"将人物设置在与他者语言和他者意识的关系之中，这确乎就是陀思妥耶夫斯基所有作品的基本主题。"（巴赫金语）①但是，毋宁说陀思妥耶夫斯基是这样一位作家：他试图从根本上摆脱"语言游戏"的条件，但却没能做到。换言之，恰恰因为陀思妥耶夫斯基试图超越"语言对他者而言'产生意义'"这个条件，反而让这一条件变得鲜明起来。这就好像马拉美（Étienne Mallarmé）作为柏拉图主义者对于语言"产生意义"作出了彻底的抵抗（纯粹诗），但恰恰由此阐明

---

① 译文根据巴赫金：《陀思妥耶夫斯基诗学问题》，《巴赫金全集》（第五卷），白春仁、顾亚铃译，第 276 页；稍有改动。——译注

了这一条件。

三

我们必须从维特根斯坦式怀疑的极限处考察"语言游戏"。被认为是维特根斯坦继承者的日常语言学派,就欠缺了这一点。我们要将"语言游戏"跟奥斯汀(J. L. Austin)所谓的"言语行为"区别开来。事实上,应该说日常语言学派的出发点是奥斯汀而不是维特根斯坦。

首先,奥斯汀将陈述句(statement)区分为述事句(constative)和述行句(performative)。例如,"车来了"这句话在叙述事实的同时,根据语境的不同而意味着"躲开"或"上车吧"等命令。可以说,前者是述事而后者是述行。毋宁说,这一区别在上述例子那里看起来微不足道。但是,例如下面的句子——"自然中存在着法则"或"历史是有意义的"——它们是述事句还是述行句("自然中必须存在法则"或"历史必须有意义"),区别就很重要。不过,如此重大的哲学问题也好,上述微小的日常语言用法也好,都有相同的起点。

奥斯汀指出,康德最早系统性地讨论了这一区别——[表现在康德那里,]即理论理性和实践理性的区别。在康德看来,迄今为止的哲学都将通过述行句(即实践理性)了解的事项(伦理领域)误作为通过述事句(即理论理性)了解的事项(逻辑领域)。所以,将两者进行区别、确定理论理性的认知边界,就是《纯粹理性批判》的课题。奥斯汀的下面这段话,告诉我们其言语行为论在"传统哲学"中具有怎样的意义:

沿着这些思路,现在已经一鳞半爪地表明,或者至少使人们可能看到,许多传统的困惑,是由一个错误引起的,即人们把一些或者是(以有趣的非语法的方式)没有意义的,或者意在讲完全不同的东西的话语当作直接的事实陈述。

对于这些观点与建议中的任何一个,不管我们怎么想,对于哲学学说和方法已陷入的最初混乱,不管我们如何痛心疾首,但不容怀疑的是,它们正在引起哲学上的革命。如果有人想把它称为哲学史上最伟大、最有益的革命,那么,只要你好好想一想,就知道这并非言过其实。①

当然,这种二分法式的"区别",本身就形成了康德以来的"传统"。例如,早期维特根斯坦就区别了"可以言说"的东西和无法言说而只能"展现"的东西。这也属于康德式的问题意识。不过,如前所述,后期维特根斯坦离开了这一二分法的地平线。例如,所谓"逻辑是严格的"就不是一个述事性的断言,而是一个述行性的断言,即"逻辑必须是严格的"。那么,**严格**的述事和并非如此的述事之间的"区别"如何确定?因为所有述事句都成了述行句。维特根斯坦由此出发;"语言游戏"的思考由此出发。

但是,奥斯汀并没有走得如此之远,而是为这种二分法式的

---

① 译文根据 J. L. 奥斯汀:《如何以言行事》,杨玉成、赵京超译,北京:商务印书馆,2013 年,第 6—7 页。——译注

"区分"加了些修正。他把言语行为分成"话语行为(locutionary act)""话语施事行为(illocutionary act)"和"话语施效行为(perlocutionary act)"。[奥斯汀著作的日译者]坂本百大为此作出了以下说明：

> 例如，当我说出"我答应明天来"这句话，那么：首先，通过在语法上构成这个句子，我完成了"话语行为"；其次，通过说这句话，我完成了"约定"这一"话语施事行为"；再次，通过实际上说出这句话，我就可以完成"话语施效行为"，例如在某种状况下让听者高兴，或相反对他进行恐吓。

在言语行为中，奥斯汀尤其重视并集中分析了"话语施事行为"，阐明了这种言语行为若要恰当实现，其条件一般而言是习俗(conventional)的制约。并且，奥斯汀在这些结果的基础上，展开了所谓语言的一般理论。最后，以这种一般理论为背景，奥斯汀向我们提示了一个重要观点：就连迄今为止被认为是非述行性言语表达的"陈述"，也具有"话语施事行为"的特征。因此，他最后认为，甚至最初确立起来的"述事句"和"述行句"的区分，其实也属于过度简单化了的二分法，应予以抛弃。在某种意义上说，这是一个令人意外的结论，实际上围绕这一点，在他身后出现了很多讨论。

但是，必须指出的是，这种三分法本身就是"传统的"。本来康德就绝不是二分法式的思想家。他在《纯粹理性批判》和《实践理性批判》后写了《判断力批判》，但后者从一开始就在他的构想中了。换句话说，在理论理性和实践理性的根底处，康德设想了一种"根源性的想象力"（海德格尔语），它让两种理性得以派生性地区分开来（黑格尔的观念论在这种"可能性"的基础上才有可能。当关注《判断力批判》这一内在地超越了二分法的"第三条道路"的时候，海德格尔和德勒兹都不得不跟随一种观念论的指引）。

在我看来，奥斯汀选择了"话语施事行为"作为"第三条道路"。一切语言表达，基本上都被视为"话语施事行为"。可以认为，述事性（话语行为）和述行性（话语施效行为）都是由此派生性地区分开来的。在奥斯汀之后，关于话语施事行为和话语行为、话语施事行为和话语施效行为的"边界"，展开了种种讨论。有些论者认为前者的区别是不必要的，有些论者认为后者的区别是不必要的。

但是，只要仍然封闭在"日常语言学派"独有的"语言游戏"内部，他们其实就无法理解，自己不过是在用别种语言重复"传统哲学"已有的论述。例如，为什么不能**从经验上**区分"话语施事行为"和"话语行为"？这是因为，"话语施事行为"是作为先于经验的东西而被虚构出来的。

当然，奥斯汀本人没有说这是"先验的"。相反，他强调的是习俗，也就是社会性。但是，如前所述，这相当于胡塞尔所谓的"共同主观性"。在奥斯汀之后，论者分成了两派：一派从先验性的方向——也即与乔姆斯基的生成语法相结合的方向——来重新理解"话语施事行为"，另一派则像塞尔（John Searle）那样，始终将"话语施事行为"理解为与习俗相关，但两派说到底是同类。

在此,我们无法进入这些论者之间展开的充满繁杂术语的讨论。关键在于,奥斯汀所谓的言语行为和维特根斯坦所谓的语言游戏没有关联。在前者那里,言语行为虽然乍看起来是"向他者"发出的,但其实并非如此。塞尔跟随奥斯汀而强调指出,"话语施事行为"是习俗性的,"话语施效行为"是非习俗性的。这跟下述"区别"是一回事:语言是习俗性(社会性)的,而言语是非习俗性(个体性、语境性)的。换言之,言语行为理论基本上[仍然]站在"倾听"的立场上。

例如,如果将言语行为视作"向他者"发出的行为,那么言说者本人无法决定他所做的是话语行为(述事)还是话语施效行为(述行)。(比如,如果跟他者说"车来了",他者可能会回答说"是啊",也可能迅速躲开。)所以,我们可以将这种自身无法决定的极端处境,称为"双重束缚"状态。这看上去是非常态的情形。但什么是通常的(规范性的)情形?后者不过是无视语言游戏的本来条件、从"听=买"的立场出发得到的模式罢了。

第六章
售卖的立场

売る立場

一

简单来说,马克思《资本论》开头的"价值形态论"试图阐明的是货币的神秘性。但重点毋宁说在于,马克思重新强调了货币的神秘性。因为在古典经济学那里,货币并不是什么神秘的东西。在那里,货币是表现商品内在价值(劳动时间)的尺度,或不过是流通手段。马克思对此作出的批判,暂时表现为对古典经济学以前的经济学即"货币主义"认识的再评价。因为在货币主义看来,货币不仅仅是价值尺度或流通手段,更是一种"目的"。"货币的魔力"就展现在这种最朴素的幻想中:

> 货币主义的幻觉是从哪里来的呢?是由于货币主义没有看出:金银作为货币代表一种社会生产关系,不过采取了一种具有奇特的社会属性的自然物的形式。而蔑视货币主义的现代经济学,当它考察资本时,它的拜物教不是也很明显吗?认为地租是由土地而不是由社会产生的重农主义幻觉,又破灭了多久呢?①

---

① 译文根据马克思:《资本论》(第一卷),中共中央马克思恩格斯列宁斯大林著作编译局译,第101页。——译注

关于马克思在此所说的"社会性",我们接下去还会讨论。在上面这段话中,马克思并没有单纯对货币主义的幻觉冷嘲热讽。例如,在古典经济学时代的周期性恐慌中,人们不顾商品而奔向货币的行为不是"幻觉",而是事实。古典经济学家将这一事实视作单纯的偶然(事故),甚至嘲笑奔向货币的人们抱持的"幻觉"。这恰恰就是无视现实。

在此,我们应该想起青年马克思针对启蒙主义者的宗教批判所说的话:由于宗教那里存在着不可避免地产生宗教的现实,理论上的宗教批判是无效的,"如今宗教批判必须被现实批判所取代"(《黑格尔法哲学批判序言》)。古典经济学针对货币主义"幻觉"的批判,也仅仅是启蒙主义式的批判。也可以更进一步说:古典经济学的货币(宗教)批判,类似于黑格尔对于基督教的合理性解释。

根据黑格尔的论述,基督是上帝作为人的呈现,而这意味着人本来就是神性。由此形成了黑格尔左派特别是费尔巴哈的宗教批判(自我异化论)。也就是这样的批判:上帝是人的"类本质"的自我异化,人应该将它重新带回自己这里。黑格尔的想法和古典经济学的想法属于一类——在后者那里,各个商品中包含着本来的价值(对象化了的劳动),货币仅仅是这种价值的异化(表达)。早期马克思(《经济学哲学手稿》)的确批判了古典经济学,但他的批判和黑格尔左派作出的黑格尔批判属于一类。也就是这样的批判:由于货币是人类劳动的自我异化状态,只要从这种异化那里自我恢复就好了。

当然,货币在这种论述中实质性地被抹去了。马克思在《资本论》中揭示的货币的神秘性，一方面是"将哲学家引入神秘主义的神秘性"即"社会性"，但另一方面则是与"惊险的一跃"——商品必须与货币进行交换的"惊险的一跃"——相关的问题。

如果将古典经济学等同于黑格尔哲学，那么马克思的这一批判也可以被类比为基尔克果针对黑格尔作出的批判。基尔克果所强调的不是基督作为"理念的外在化"，而是基督作为绝对的他者，作为不透明的、绝对无法纳入合理性理解之中的他异性。例如，基尔克果写道：

> 基督教世界在不知不觉中抹杀了基督教。因此，如今有必要做的是，尝试将基督教重新引入基督教世界。（《基督教的试炼》）

稍微改动一下字句，基尔克果在这里说的便是马克思试图对古典经济学所做的："货币经济在不知不觉中抹杀了货币。因此，如今有必要做的是，尝试将货币重新引入货币经济。"

遭到基尔克果批判的那种思考，试图合理地或从历史事实来理解"基督是上帝"这件事。这种思考的唯一结果，就是显示基督仅仅是人类。同样，古典经济学试图阐明货币是商品。货币之谜能就此解开吗？

基尔克果所谓"基督"的悖论，在于"上帝以卑贱姿态现身"这一点。无论声称基督（货币）是人类（商品），还是声称他是上帝（商品内在的理想性价值），都无法消除这个谜。说到底，我们能够从理论上"认识"基督（货币）吗？而且，从实践上说，我们在日常经验中对此非常"了解"。

所有商品都内在包含了应该用货币表示的价值,交换过程不过是这一价值的实现——这种想法从我们实际的"售卖"经验来看,完全跑偏了。因为我们在["售卖"中]经验到的,恰恰是没有合理基础的飞跃,恰恰是不可重复之事物的重复(基尔克果语)。

商品和货币中,存在着"无限的质的差异"(基尔克果语)。古典经济学抹消了这一差异。这相当于在合理性理解的内部消灭"上帝"这种超验性。换句话说,马克思在经济学内部,"重新引入"了货币这种外在性=超验性。经济学所凭靠的那种市场经济体系的规则性(即不断重复的法则性),不是物理学式的东西。它是不可重复之事物的重复,也就是说,正是因为每个商品(单独的存在)那里有着不带任何事先规则的"售卖"过程,[规则]才能事后成立,仅此而已。

二

马克思的价值形态论试图重新正视被古典经济学"傲慢地嘲笑"的货币拜物教。因为这种拜物教虽然遭到了古典经济学的无视,却作为资本主义的原动力而继续存在着。因此,价值形态论虽然看起来否定了货币拜物教,但这绝不是启蒙主义式的批判,而不如说是对于启蒙主义=古典经济学的批判。换言之,[价值形态论]批判的是那种思考,即认为交换中存在着合理性根据。

马克思恰恰对古典经济学嘲笑的"幻觉"予以重视。提出价值形态,便是提出不仅仅是价值尺度和流通手段,而是作为物神的货币,或者说,便是提出交换的非合理性(无根基性)。不过,当马克思的阐述从货币拜物教追溯到商品拜物教层面的时候,我们需要注意的是,他的论述在任何意义上都不是启蒙主义式的了。这是因为,马克思所到达的,不是那种对"幻觉"作出批判的合理性立场,而是对交换行为(无论是商品还是语言)所包含的"悲剧性"条件的阐明。

马克思指出,首先对价值形态作出分析的是亚里士多德。"首先,亚里士多德清楚地指出,商品的货币形态不过是简单价值形态——一种商品的价值通过任何别一种商品来表现——的进一步发展的形态。"①

但是,为什么古典经济学会认为价值形态仿佛是无关痛痒的事情?这是因为古典经济学家的出发点是充分发达的市场经济和自动均衡的市场体系,他们将商品的等价交换视为理所当然。对亚里士多德来说,事情并非如此。对他来说,任何一种商品都不具有共同的内在价值,因而交换就不存在合理根据,交换(等价)只不过是"应付实际需要的权宜之计",这一点是清楚的。

由此,马克思在古典经济学以前的思想中寻求批判古典经济学的钥匙。换言之,价值形态论并不是用黑格尔辩证法的方式展现货币的形成;相反,它显示的是"货币"如何遭到了遮蔽。所谓货币的遮蔽,也就是对于商品和货币(商品)的交换即"售卖"行为的盲目性飞跃的遮蔽,或对于商品所有者和货币所有者(卖方和买方)在立场上的决定性差异的遮蔽。换句话说,在资本(货币)和雇佣劳动(劳动力商品)的对立关系问题上,马克思的考察将它追溯到货币与商品,进而是商品的等价形态与相对价值形态

---

① 译文根据马克思:《资本论》(第一卷),中共中央马克思恩格斯列宁斯大林著作编译局译,第74页。——译注

的对立关系那里。当然,叙述顺序刚好相反。但是,虽然具有黑格尔辩证法的外观,马克思试图做的恰恰是对作为"辩证法"前提的对称关系(独白)进行解构。

单纯价值形态如下所示:

20 码麻布　　　＝　　1 件上衣
(相对价值形态)　(等价形态)

这个等式显示的是,20 码麻布自身无法具有"价值",而是在与 1 件上衣进行等价之后,才通过自然形态表达了价值。如下文所述,这里谈论的是价值的"社会性"。就像语言的意义(规则)那样,20 码麻布的价值是在被他者(他物)接受的时候,仅仅在这个时候,才被事后赋予的。但是,1 件上衣看起来仿佛自身内部具有价值。商品拜物教便从这种等价形态中产生。

当然,在这个单纯的等式中,1 件上衣不可能始终是等价形态:

> 诚然,20 码麻布＝1 件上衣,或 20 码麻布值 1 件上衣,这种表现也包含着相反的关系:1 件上衣＝20 码麻布,或 1 件上衣值 20 码麻布。但是,要相对地表现上衣的价值,我就必须把等式倒过来,而一旦我这样做,成为等价物的就是麻布,而不是上衣了。可见,同一个商品在同一个价值表现中,不能同时具有两种形式。不仅如此,这两种形式是作为两极互相排斥的。
> 一个商品究竟是处于相对价值形式,还是处于与之对立的等价形式,完全取决于它当时在价值表现中所处的地位,就是说,取决于它是价值被表现的商品,还是表

现价值的商品。①

换言之，无论放在那里的东西是什么，相对价值形态和等价形态的非对称的两极关系是不变的。就好像无论把什么样的人放在那里，无论他的主观想法是什么，资本和雇佣劳动的两极关系是不变的。我们已经清楚看到，马克思想说的是，货币不是价值尺度或流通手段，而是商品的等价形态，因此才会产生拜物教。换句话说，相对于将货币视作尺度或手段，因而视作买卖的古典经济学，马克思从商品的价值形态中发现了绝对无法消除的两极性，或者说发现了"卖"的立场和"买"的立场之间的差异。

在被古典经济学视作对称关系的地方，马克思揭示了根本的非对称性。而货币的外在性＝超验性，则可以凝结为商品所处关系的非对称性。他所谓的"社会关系"，确乎就是这件事。我们无法继续进行追溯，也没必要这么做。因为我们要揭示的"关系"，就是这种非对称关系，而对称关系事实上不过是对关系的抹消。

单纯价值形态在物物交换中暂时成立。当我们考察物物交换的时候，往往会不自觉地运用货币经济以后的看法，但这就不是物与物的交换，而是商品与商品的交换了。在物物交换中，商品所有者相互间也处在"双重束缚"之中。在这里，对于双方而言，自己的商品处在"等价形态"下，而对方的商品则处在"相对价值形态"下。简单来说，双方都想站在"买"的立场上，但双方也因此不得不站在"卖"的立场上。换言之，物物交换绝不是直接透明

---

① 译文根据马克思：《资本论》（第一卷），中共中央马克思恩格斯列宁斯大林著作编译局译，第63页。——译注

的过程,而是包含着不合逻辑之处。

我们所揭示的物物交换,始终已经根据"习惯"而进行。这也就意味着,上述不合逻辑之处无法合理性地解决,只能在实践中解决。事实上,根据货币进行的交换的比例(规则),也是一种"习惯"。然而,由于货币的作用,任何一种交换都是与货币(或处于等价形态下的商品)的交换,因而人们就忘了其中包含的"惊险的一跃",[交换]被认为仿佛是"相同物品的交换"。马克思从价值形态而非价值开始其论述,就是为了坚决从"习惯"出发,揭示潜藏在其中的"社会过程"。

三

马克思说:"货币拜物教的谜就是商品拜物教的谜,只不过变得明显了,耀眼了。"①但是,值得注意的是,对古典经济学来说,货币拜物教之谜并不作为谜而存在。商品拜物教之谜在于商品的等价形态。用之前的例子来说,麻布要具有价值,就必须经历"惊险的一跃",但上衣却仿佛在自身内部具有价值一般,随时都可以直接和麻布进行交换:

> 一种商品例如麻布的相对价值形式,把自己的价值表现为一种与自己的物体和物体属性完全不同的东西,例如表现为与上衣相同的东西,因此,这个表现本身就

---

① 译文根据马克思:《资本论》(第一卷),中共中央马克思恩格斯列宁斯大林著作编译局译,第113页。——译注

说明其中隐藏着一种社会关系。等价形式却相反。等价形式恰恰在于：商品体例如上衣这个物本身就表现价值，因而天然就具有价值形式。当然，只是在商品麻布把商品上衣当作等价物的价值关系中，才是这样。但是，既然一物的属性不是由该物同他物的关系产生，而只是在这种关系中表现出来，因此上衣似乎天然具有等价形式，天然具有能与其他商品直接交换的属性，就像它天然具有重的属性或保暖的属性一样。从这里就产生了等价形式的谜的性质，这种性质只是在等价形式以货币这种完成的形态出现在政治经济学家的面前的时候，才为他的资产阶级的短浅的眼光所注意。这时他用不太耀眼的商品代替金银，并以一再满足的心情反复列举各种曾经充当过商品等价物的普通商品，企图以此来说明金银的神秘性质。他没有料到，最简单的价值表现，如 20 码麻布＝1 件上衣，就已经提出了等价形式的谜让人们去解开。①

人们认为，等价形态下的商品中包含了作为实体存在的价值。古典经济学在实体的意义上（作为凝固了的劳动）把握商品的价值，其实就是在等价形态下理解商品，因而货币不过是表现[等价形态]的次要手段。换一种说法：古典经济学基本上站在"卖＝买"的立场上。在那里，下述自明的事实遭到了遗忘：商品相

---

① 译文根据马克思：《资本论》（第一卷），中共中央马克思恩格斯列宁斯大林著作编译局译，第 72—73 页。——译注

互间不能直接交换,必须要和货币(商品的等价形态)进行交换。

反过来说,货币拜物教之谜基于以下条件成立:商品自身内部没有价值,只能通过和其他商品(货币)进行交换而获得价值。这相当于维特根斯坦关于规则所作的论述。在古典经济学那里,商品交换被认为是遵循着某个规则体系。货币是表现这一过程的手段,因此,蒲鲁东(Proudhon)那样的想法就成为可能,即试图废弃货币、创造出"劳动标记"。但是,商品交换无法遵循这样的规则。所谓规则,仅仅是每次交换行为完成之后才被事后赋予的。任何商品所有者都无法为自己的商品强加私人价值。

商品的价值是"社会性"的。但是,这并不意味着价值作为社会规范(法则)而存在,而是意味着交换作为盲目的飞跃,意味着它的无根基性。马克思说道:

> 商品形式的奥秘不过在于:商品形式在人们面前把人们本身劳动的社会性质反映成劳动产品本身的物的性质,反映成这些物的天然的社会属性,从而把生产者同总劳动的社会关系反映成存在于生产者之外的物与物之间的社会关系。……商品世界的这种拜物教性质,像以上分析已经表明的,是来源于生产商品的劳动所特有的社会性质。①

然而,这里所谓的"劳动的社会性质",必须是"生产商品的劳

---

① 译文根据马克思:《资本论》(第一卷),中共中央马克思恩格斯列宁斯大林著作编译局译,第89—90页。——译注

动所特有的"。这不是一般意义上的劳动所具有的特性,而是商品交换为劳动赋予的特性。因此,这种"社会性格"无法从劳动那里发现,而必须从商品交换那里发现。

例如,在"共同体"内部也存在分工,各个分工社会性地结合起来,那里的交换同样根据一定的规则进行。众所周知,列维-施特劳斯就在这种交换的规则体系的意义上,阐述了亲族的基本结构。但这跟马克思所谓的"社会性质"毫无关系。

直接的产品交换一方面具有简单价值表现形式,另一方面还不具有这种形式。这种形式就是 x 量商品 A=y 量商品 B。直接的产品交换形式是 x 量使用物品 A=y 量使用物品 B。在这里,A 物和 B 物在交换之前不是商品,它们通过交换才成为商品。使用物品可能成为交换价值的第一步,就是它作为非使用价值而存在,作为超过它的所有者的直接需要的使用价值量而存在。物本身存在于人之外,因而是可以让渡的。为使让渡成为相互的让渡,人们只须默默地彼此当作被让渡的物的私有者,从而彼此当作独立的人相对立就行了。然而这种彼此当作外人看待的关系在原始共同体的成员之间并不存在,不管这种共同体的形式是家长制家庭,古代印度公社,还是印加国,等等。**商品交换是在共同体的尽头,在它们与别的共同体或其成员接触的地方开始的。但是物一旦对外成为商品,由于反作用,它们在共**

同体内部也成为商品。①

不同于共同体内部,在共同体外部或共同体与共同体之间,列维-施特劳斯所说的那种规则体系并不成立。(更严格地说,共同体内部不存在"交换"。[所谓共同体内部的"交换",]不过是将共同体外部的"社会性"交换向共同体内部转化的一种理论说明罢了。)在那里,规则不断变化,绝不存在"禁止规则变化的规则"(维特根斯坦语)。我们将这样的场所称为"社会",将那里确立的规则体系所固有的特性称为"社会性"。毫无疑问,这不是一种单一性的体系,而是多数性的体系。

然而,当这一空间(市场)逐渐扩大,最终全面包含各个共同体的时候,它本身也会被视为一个共同体。古典经济学就是从这种共同体、从这种封闭的单一均衡体系模式出发的。所以,这相当于是用物理学模式来考察经济现象。换句话说,从单一均衡体系模式出发的思考,就是从"共同体"出发的思考,从而没有看到上述"社会性",也就没有看到盲目的飞跃。

这一市场=社会空间,根本上具有多数体系的性质。如果没有相异的多数体系,也就不存在剩余价值和资本。但是,诚然,某种均衡看上去确立起来了。仿佛亚当·斯密(Adam Smith)所说的"看不见的手"在进行活动。然而,这种均衡不是系统论意义上的均衡。也就是说,[这种均衡]不是交换根据规则而得到控制[的结果],恰恰相反,[达到这种均衡]是因为每次交换都不断改

---

① 译文根据马克思:《资本论》(第一卷),中共中央马克思恩格斯列宁斯大林著作编译局译,第106—107页;强调为柄谷所加。——译注

变着规则。

市场经济的均衡作用不是根据控制论式的运作实现的,而是由每次交换过程中的非连续性——即货币所有者作出的严格甄别、商品所有者做出的惊险一跃——实现的。恩格斯没有理解市场经济中"社会性与无政府性"的关系。正因如此,他认为,既然已经存在"社会性",那么只要有意识地管理无政府状态,就可以实现社会主义。结果,这就跟那种俗见别无二致,即认为要将社会变成共同体=单一体系。毫无疑问,这不过是古典经济学思考的延长而已。

在交换的问题上,马克思所说的"人们没有意识到这一点,但是他们这样做了(进行等价了)",其中包含的认识和上述思考没有任何关系。在等价行为中,没有任何合理性依据,在此之前也不存在规则。当这种存在于商品形态之中的"社会性"看上去已经消失在进一步发展了的形态之中,马克思对[这种"社会性"]重新予以强调。

第七章
积蓄与信用——从他者那里逃走

蓄積と信用――他者からの逃走

第七章 积蓄与信用——从他者那里逃走

一

在题为 Das Kapital（《资本论》）的著作中，马克思试图阐明的是产业资本，这一点毫无疑问；但是，可以说他持续关注的是商人资本。商人资本的重要性，不仅在于它历史上出现于产业资本之前，从古代开始就已经存在。产业资本开始于商人资本所形成的装置之中，并且将这一装置遮蔽起来。与产业资本主义一同出现的、往前进行追溯的"历史主义"式考察，到底无法阐明[产业资本的]条件。因此，对马克思来说，商人资本不是历史学问题。商人资本必须从产业资本本身的"根基"处得到揭示。为此需要的不是史料，而是"抽象能力"。《资本论》第一篇"商品与货币"试图阐明那些从产业资本主义出发无法发现的条件，但也因此难免成为最费解的、不透明的部分。

在从产业资本主义出发的古典经济学那里，商品的价值被认为是凝结在对象中的人类劳动，而后者又是由社会性的"劳动时间"规定的。所以，商品的等价交换是自明的，剩余价值（利润）来自"差额"（非等价交换）的想法遭到摒弃。在这里，货币实质上成了不必要的东西。货币不过是表示价值的尺度和商品交换的载体。而且，在这里，资本主义的动机被认为是生产**物品**（财富＝使用价值）。例如，想要积蓄金属（货币）的"动机"，被当作扭曲的病态而遭到摒弃。

从《资本论》第三篇以降,马克思试图阐明产业资本的结构,即阐明剩余价值的秘密。在那里,马克思借用了上述古典经济学的框架——所以《资本论》也被人们当作古典经济学的一个变体而打发。但是,马克思绝不是直接冲向"生产过程"。如果是这样的话,他也就没必要辛苦撰写第一篇了,毕竟后者又费解,又被经济学家当作单纯的哲学思辨而予以打发。第一篇明确告诉我们,紧贴着古典经济学而写就的《资本论》,其目标恰恰是解构古典经济学。

简言之,第一篇是对商人资本主义的阐述。并且,如果充分了解了商人资本是什么,那么就能明白,从由此形成的市场和信用体系中诞生的产业资本,本质上和商人资本没什么不同。古典经济学攻击商人资本=重商主义理论,强调产业资本与之不同,强调产业资本的合理性。

关于[两者之间的]异质性和非连续性,韦伯(Max Weber)也有过论述。不过,韦伯强调,产业资本主义的"合理性"曾经以非合理性的"禁欲"(新教)为契机。但是,强调说产业资本不同于商人,它的获利并不来自"差额",而是从公正的等价交换中获取正当利润,或者强调商人资本和产业资本那里的习性(ethos)差异,都妨碍了我们追问资本的性质,或者进一步说,妨碍了我们追问货币的性质。

产业资本也是从"差额"获取利润(剩余价值)。如果不是这样,就不可能成为资本(自我增殖的货币)。只不过,相对于商人资本从相异的价值体系的差异中获取空间上的剩余价值,产业资本根据不断的技术革新所带来的价值体系的差异化,从而可以说在时间上创造出差额。过去我曾经阐明,这一点不必诉诸劳动时间论就可以得到说明(参见《马克思,其可能性的中心》)。这是因为,无论什么产品,如果卖不出去(无法和货币进行交换),就既没有"价值"也没有"使用价值"。我们无法从生产过程本身来对"价值"作出规定。劳动时间论不过是被事后赋予的价值——通过与货币进行交换而被事后赋予的价值——的另一种说法。相反,[劳动时间论]让人看不到生产过程受到货币经济(流通)制约的事实,或者说,让人看不到货币本身。另一方面,马克思则将古典经济学那里没有被看到的"货币"重新引入进来。而这意味着**严肃**对待遭到古典经济学嘲笑的货币主义和重商主义。

即使追求货币(金属)的商人资本=重商主义是一种"倒错",事实上产业资本也继承了这种"倒错"。关键不在于拒斥这种倒错,而是阐明它是怎么来的。在产业资本主义诞生之前,一切装置都已到位,前者不过是将这些装置按照自己的想法进行改编而已。因此,对货币主义和重商主义的根据进行考察,就是阐明遭到产业资本主义=古典经济学,或者说遭到"经济学"遮蔽的事情。在其中,让我们首先考察一下"积蓄"和"信用"。

二

在古典派和新古典派经济学那里,商品仿佛可以用来"购买"商品。但是,我们恰恰应该对一个自明的事实感到惊讶,即只能用货币购买商品。确实,只要商品标注了价格——用马克思的话说,即"观念化了的一定的货币量"——那么相同价格的商品就可以等价。但相同价格的商品不能被**交换**。商品的价格不过是**在**

观念上事先预判了商品与货币的交换,至于商品在现实中是否"卖得出去",从来都是没一定的。也就是说,商品的价格——即"卖"(与货币的交换)在观念上的实现形态——遮蔽了"商品与货币的对立"。换句话说,遮蔽了"卖"与"买"的差异。摒弃价格而从"价格分析"开始的论述,与它看上去的样子恰好相反,其实是一种"观念论"。

马克思通过价值形态论所要强调的是,货币的秘密在于商品的等价形态。相对于相对价值形态下的商品,等价形态下的商品具有"直接交换的可能性",但反过来则不成立。重要的就是这种非对称性。也可以说,马克思在逻辑上将"卖"和"买"的差异追究到底了。换言之,价值形态论绝不是在讨论货币的起源或货币的逻辑必然性,而是试图在根本的意义上确认遭到经济学范畴无视的、"卖"与"买"的决定性差异。也就是试图阐明,在古典经济学那里不过是次要载体的货币,如何具有神秘的力量,这种力量从何而来。毫无疑问,这种"神秘"藏身于商品的等价形态之中。也就是藏身于"直接交换的可能性"之中。换句话说,一般等价形态下的商品(=货币),无论何时都能与任何商品进行直接交换,其他商品却不能相互间进行直接交换,这便是货币的神秘力量的源泉。

但是,与货币主义跪拜在这种"神秘"前面形成对照,古典经济学对此表示轻蔑——尽管实际的经济现象确乎根据这种"神秘"而运作。重复一遍:在[古典经济学]那里,货币被认为仅仅是次要的载体,仿佛商品和商品可以进行直接交换,仿佛卖=买——

> 有一种最愚蠢不过的教条:商品流通必然造成买和卖的平衡,因为每一次卖同时就是买,反过来也是一样。

如果这是指实际完成的卖的次数等于买的次数,那是毫无意义的同义反复。但这种教条是要证明,卖者会把自己的买者带到市场上来。作为两极对立的两个人即商品所有者和货币所有者的相互关系,卖和买是同一个行为。但作为同一个人的活动,卖和买是两极对立的两个行为。因此,卖和买的同一性包含着这样的意思:如果商品被投入流通的炼金炉,没有炼出货币,没有被商品所有者卖掉,也就是没有被货币所有者买去,商品就会变成无用的东西。这种同一性还包含这样的意思:如果这个过程成功,它就会形成商品的一个休止点,形成商品生命中的一个时期,而这个时期可长可短。既然商品的第一形态变化是卖又是买,这个局部过程同时就是一个独立的过程。买者有商品,卖者有货币,也就是有一种不管早一些或晚一些再进入市场都保持着能够流通的形式的商品。没有人买,也就没有人能卖。但谁也不会因为自己已经卖,就得马上买。流通所以能够打破产品交换的时间、空间和个人的限制,正是因为它把这里存在的换出自己的劳动产品和换进别人的劳动产品这二者之间的直接的同一性,分裂成**卖和买**这二者之间的对立。说互相对立的独立过程形成内部的统一,那也就是说,它们的内部统一是运动于外部的对立中。当内部不独立(因为互相补充)的过程的外部独立化达到一定程度时,统一就要强制地通过危机显示出来。商品内在的使用价值和价值的对立,私人劳动同时必须表现为直接社会劳动的对立,特殊的具体的劳动同时只是当作抽象的一般的劳动的对立,物的人格化和人格的物化的对立,——这种内在的矛盾在商品形态变化的对立中取得发展了的运动形式。因此,这些形式包含着**恐慌的可能性**,但仅仅是可能性。这种可能性要发展为现实,必须有整整一系列的关系,从简单商品流通的观点来看,这些关系还根本不存在。①

关于恐慌,如果不考虑到下文论述的"信用"问题,就无法讨论。暂时让我们总结一下马克思的论述:在商品 W—货币 G—商品 W' 的流通过程中,W—G(卖)和 G—W'(买)是分离的,所以,不同于 W—W' 这种直接的产品交换,交换范围在时间和空间上可以无限延伸;但是,由于 W—G 和 W'—G(卖)包含着"惊险的一跃",这一过程便始终具有"恐慌的可能性",等等。

如果流通表现为 W—G—W',那么这一过程同时也包含着 G—W 和 W—G' 的相反过程。换言之,商品流通另一方面也是货币的运动。"虽然货币运动只是商品流通的表现,但看起来商品流通反而只是货币运动的结果。"②但是,W—G—W' 和 W—G' 虽然看起来是同一过程的两面,却有着决定性的差异。

简单来说,资本运动是 G—W—G'(G+G$^\triangle$)。因此,资本运

---

① 译文根据马克思:《资本论》(第一卷),中共中央马克思恩格斯列宁斯大林著作编译局译,第 135—136 页;稍有改动。强调为柄谷所加。——译注

② 译文根据马克思:《资本论》(第一卷),中共中央马克思恩格斯列宁斯大林著作编译局译,第 138 页。——译注

动在流通过程中表现出来的同时，也藏匿其中。单纯的商品流通过程，在另一方面则是货币积蓄过程；一方面是以得到使用价值（对象物）告终的过程，另一方面则是将获得货币作为"自我目的"的资本运动。资本的自我运动恰恰是商品流通过程的另一面，而不是特殊的活动。但是，正如 W—G（卖）和 G—W（买）绝不是同一事态的两面，[资本的自我运动和商品流通过程]也是异质的过程。

反过来说，在将卖和买等而视之的古典经济学那里，资本的自我运动被消解在商品流通过程或财富的生产＝消费过程之中。但不管古典经济学对此多么轻蔑，资本运动（G—W—G'）——也即以货币为"自我目的"的运动——在出现于商品流通过程的同时，反而成为空间上进一步扩大商品流通的原动力，进而产生出产业资本。

三

但是，即使阐明了货币的自我运动（G—W—G'）成立于商品流通（W—G—W'），这一"颠倒"也不单单是形式性的。在讨论商人资本之前，马克思首先讨论了"货币贮藏"的问题：

> 随着商品流通本身的最初发展，把第一形态变化的产物，商品的转化形式或它的金蛹保留在自己手中的必要性和欲望也发展起来了。出售商品不是为了购买商品，而是为了用货币形态来代替商品形态。这一形态变换从物质变换的单纯媒介变成了目的本身。商品的转

换形态受到阻碍,不能再作为商品的绝对可以让渡的形态或作为只是转瞬即逝的货币形态而起作用。于是货币硬化为贮藏货币,商品出售者成为货币贮藏者。①

134 拥有货币(金属),意味着拥有随时随地都能与任何东西进行直接交换的"社会质权"。守财奴(货币贮藏者)指的就是因为这种"权利"而放弃实际使用价值的人:

> 因此,在交易的各个点上,有不同数量的金银贮藏。自从有可能把商品当作交换价值来保持,或把交换价值当作商品来保持以来,求金欲就产生了。随着商品流通的扩展,货币——财富的随时可用的绝对社会形态——的权力增大了。"金真是一个奇妙的东西!谁有了它,谁就成为他想要的一切的主人。有了金,甚至可以使灵魂升入天堂。"(哥伦布1503年寄自牙买加的信)因为从货币身上看不出它是由什么东西转化成的,所以,一切东西,不论是不是商品,都可以转化成货币。一切东西都可以买卖。流通成了巨大的社会蒸馏器,一切东西跑到里面去,再出来时都成为货币的结晶。②

将货币视为自我目的而非载体的做法,也即"求金欲"和"致

---

① 译文根据马克思:《资本论》(第一卷),中共中央马克思恩格斯列宁斯大林著作编译局译,第153页。——译注
② 同上,第154—155页。——译注

富冲动",绝非来自对**物品**(使用价值)的需求或欲望。讽刺的是,守财奴在物质上无欲无求,就像为了"在天国积累财富"而在此世无欲无求的信徒一样。守财奴那里具有和宗教性的倒错类似的东西。① 货币贮藏也好,世界宗教也好,都出现于流通具备一定程度的"世界性"的时候——即形成于各个共同体的外部,之后被各个共同体内在化。

如果宗教性的倒错带有某种崇高的性质,那么对守财奴也应作如是观。如果守财奴那里带有卑劣的心性(憎恨),那么对宗教性的倒错也应作如是观。无论如何,货币贮藏的"动机"并不在于对**物品**(使用价值)的欲望——无论这一欲望是否是由他人欲望所中介的东西(基拉尔[René Girard])。试图从心理或生理上揭示这种动机的做法,只能说比守财奴更为卑劣。因为守财奴的动机那里,潜藏着一个"实存性"的问题。

这个问题表现为如下冲动:在诸共同体外部,在流通形成的"世界"中,试图摆脱"卖"方的不稳定立场。换句话说,[这里的困境在于:]想要一直保持"买"方的立场,但如果实际上做出了购买行为,那么这个立场就会失去,从而不得不再次站到"卖"方立

---

① "要把金作为货币,从而作为贮藏货币的要素保存起来,就必须阻止它流通,不让它作为购买手段化为消费品。因此,货币贮藏者为了金偶像而牺牲自己的肉体享受。他虔诚地信奉禁欲的福音书。另一方面,他能够从流通中以货币形式取出的,只是他以商品形式投入流通的。他生产得越多,他能卖的也就越多。因此,勤劳、节俭、吝啬就成了他的主要美德。多卖少买就是他的全部政治经济学。"(《资本论》)(译文根据马克思:《资本论》(第一卷),中共中央马克思恩格斯列宁斯大林著作编译局译,第157页。——译注)

场上去,因而要一直保持"买"方立场,就必须不做出购买行为。

136　　货币拜物教典型地体现在守财奴或"求金欲"那里。但是,正如马克思指出的那样,这并不来自"黄金"这一对象,而是来自下述事实,即黄金碰巧成为(一般)等价形态。守财奴的货币拜物教并不产生于对黄金这一**物品**(使用价值)的欲望;[毋宁说,]由于黄金在等价形态下具有"直接交换的可能性"(交换价值),守财奴想要积蓄的恰恰就是这种"可能性"——货币拜物教正是由此产生的。

137

四

　　于是,可以说积蓄本身是由货币拜物教产生的。只要积蓄货币,就随时可以获得**物品**;因此没有必要去特意积蓄**物品**。这并不是因为对**物品**(使用价值)的积蓄包含了技术上的界限。根本而言,在货币经济圈外,无论在什么样的"共同体"中,都不可能存在"自我目的"式的积蓄的冲动。相反,在那里,剩余生产物被挥霍殆尽。这会让我们感到惊讶,因为我们习惯于"积蓄",并且习惯于"合理"思考。但是,应该令我们感到惊讶的正是"积蓄"的非合理性。它非但不以必要性和欲望为基础,甚至基于完全背离必要性与欲望的那种"倒错"。反过来说,恰恰是"积蓄"给予我们必要性以上的必要性,给予我们多样的欲望。

　　当然,守财奴的积蓄和资本家的积蓄不同。货币贮藏者"多卖少买",不断从流通过程中脱离开来;与之相对,资本家则必须积极投身到 $G—W—G'(G+G^{\triangle})$ 的自我运动之中。关于 $G^{\triangle}$(剩余价值)从何而来的问题,我已经作过阐明(参见《马克思,其可能性的中心》)。它以多个价值体系的差异为基础。不过,尽管如此,资本的运动必须经历守财奴最想要回避的过程,即 W—G'(卖)的过程。一旦在这里失败,就会在 G—W 的状态下结束,即丧失货币而仅仅抱持**物品**的状态。

在这一点上,尽管商人资本与货币贮藏相异,但商人资本的运动的动机,与守财奴的积蓄冲动(货币拜物教)是一样的。从结果上说,根据商人资本进行的货币积蓄会带来**物品**的积蓄。因为各地的各种产品不会在某地贮藏起来,而是会在流通过程中得到扩大(积蓄)。**物品**的积蓄(生产)是资本活动的结果而非原因。

同样的事情也可以在产业资本那里见到。产业资本并不像古典经济学所认为的那样,以财富(使用价值)的增大为目的。在这个意义上,韦伯正确认识到产业资本主义的"动机"中包含着对使用价值的"禁欲"(新教)。但是,如果不从历史学的角度看,也不偏向西欧历史,那么可以明白看到,资本运动的"动机"原本就在于放弃使用价值。毋宁说,我们应该拒斥的是这样一种幻觉,即认为产业资本主义是"生产中心主义",并认为产业资本主义与以前的资本主义有着本质性的区别。

有论者(鲍德里亚[Jean Baudrillard])认为后产业资本主义或消费社会意味着"生产中心主义"的消亡,这是犯了**两重**错误。资本的运动 G—W—G'($G+G^{\triangle}$)试图从任何地方获取 $G^{\triangle}$(剩余价值),而根本上[剩余价值]就是差额(差异)。消费社会中得到加速的差异化,也是从资本的自我运动中产生的,并且归结为 $G+G^{\triangle}$,即资本的"积蓄"。"积蓄"属于不同于生产和消费的其他范畴。产业资本的目的并不是发展生产或扩大消费,而是和商人资本一样,其目的仅仅在于资本的"积蓄"。当然,这会涉及生产过程、带动技术革新,但这些并不是"动机"。

"生产中心主义"不过是古典经济学针对重商主义提出的理论而已。事实上,马克思以扮演重商主义者的姿态,对古典经济学作出了批判(因此,鲍德里亚的马克思批判不得要领)。对马克思而言,产业资本恰恰是那种购买"劳动力"商品并将其生产物进行售卖的商人资本。

根据古典经济学的框架,剩余价值和资本无法从流通产生。这是因为[古典经济学]以等价交换为前提。但是,马克思说道:"资本不能从流通中产生,又不能不从流通中产生。它必须既在流通中又不在流通中产生。"①

通过在流通中发现一种特殊商品,上述不合逻辑之处得以克服。"它的使用价值本身具有成为价值源泉的独特属性,因此,它的实际消费本身就是劳动的对象化,从而是价值的创造。货币所有者在市场上找到了这种独特的商品,这就是劳动能力或劳动力。"②

古典经济学或其后的经济学,都未能揭示这种"商品"。因为它们都忽略了货币,从而忽略了"货币与商品的对立"。在马克思看来,"货币与雇佣劳动的对立"根本上是"货币与商品的对立"的变奏。重要的是流通过程。要言之,无论是产业资本还是后产业资本,基本而言"动机"只有一个,即在 G—W—G' 的过程中获取剩余价值、实现自我增殖。这和商人资本的"动机",进而和守

---

① 译文根据马克思:《资本论》(第一卷),中共中央马克思恩格斯列宁斯大林著作编译局译,第193页。——译注

② 同上,第195页。——译注

财奴的"动机"是一样的。然而,古典经济学针对流通过程而强调生产过程,主张通过公正的等价交换来积蓄财富,因而不断指责重商主义和货币主义的"倒错"。对此,马克思写道:

> 简单商品流通——为买而卖——是达到流通以外的最终目的,占有使用价值,满足需要的手段。相反,作为资本的货币的流通本身就是目的,因为只是在这个不断更新的运动中才有价值的增殖。因此,资本的运动是没有限度的。
>
> 作为这一运动的有意识的承担者,货币所有者变成了资本家。他这个人,或不如说他的钱袋,是货币的出发点和复归点。这种流通的客观内容——价值增殖——是他的主观目的;只有在越来越多地占有抽象财富成为他的活动的唯一动机时,他才作为资本家或作为人格化的、有意志和意识的资本执行职能。因此,绝不能把使用价值看作资本家的直接目的。他的目的也不是取得一次利润,而只是谋取利润的无休止的运动。这种绝对的致富欲,这种价值追逐狂,是资本家和货币贮藏者所共有的,不过货币贮藏者是发狂的资本家,资本家是理智的货币贮藏者。货币贮藏者通过竭力把货币从流通中拯救出来所谋求的无休止的价值增殖,为更加精明的资本家通过不断地把货币重新投入流通而实

现了。①

五

货币的运动(G—W—G')意味着货币的"自我增殖"。而只有在"自我增殖"的过程中,货币才能变成资本。这件事和人类承担者的"意识"毫无关系。

换言之,无论承担者个人具有何种动机或"良心",都对这一自我运动毫无影响。

这一自我增殖过程为货币赋予了仿佛可以自发增殖的"神秘性质"。这一自我增殖必须一度将自己投入流通过程中,实现W—G'的惊险一跃;而一旦假定这个过程可以顺利进行,资本的自我运动=货币的自我增殖的"神秘主义"就形成了。[这种"神秘主义"]不同于黑格尔的"精神"那里或文本主义者的"文本"那里的神秘性的"自我增殖",在现实中,它以高利贷资本(产生利息的资本)G—G'的形式呈现出来。从古代开始,这种随着商人资本一同出现的资本形态,无论它的利息是高是低,只要它伴随着资本的自我增殖,就能为自己找到根基。

这是"信用"的开端,而后演变为银行信用。归根结底,"信用"可以说是**观念上**对"售卖"的**事先占取**。不过,在某种意义上,这种时间上的延迟逆转了资本的运动。

---

① 译文根据马克思:《资本论》(第一卷),中共中央马克思恩格斯列宁斯大林著作编译局译,第178—179页。——译注

在此，让我们讨论一下所谓的商业信用。它从扩大的商品流通中自发产生，并扩大了商品流通：

> 随着商品流通的发展，使商品的让渡同商品价格的实现在时间上分离开来的关系也发展起来。这里我们只举出其中一些最简单的关系也就够了。一种商品需要的生产时间较长，另一种商品需要的生产时间较短。不同的商品的生产与不同的季节有关。一个商品的产地就是它的市场所在地，另一个商品要旅行到远方的市场去。因此，一个商品占有者可以在另一个商品占有者作为买者出现之前，作为卖者出现。当同样一些交易总是在同一些人中间反复进行时，商品的出售条件就按照商品的生产条件来调节。另一方面，某些种类的商品例如房屋的使用权是出卖一定期限的。买者只是在期满时才真正取得商品的使用价值。因而他先购买商品，后对商品支付。一个商品占有者出售他现有的商品，而另一个商品占有者却只是作为货币的代表或作为未来货币的代表来购买这种商品。卖者成为债权人，买者成为债务人。由于商品的形态变化或商品的价值形态的发展在这里起了变化，货币也就取得了另一种智能。货币成了支付手段。①

---

① 译文根据马克思：《资本论》（第一卷），中共中央马克思恩格斯列宁斯大林著作编译局译，第158—159页。——译注

就这样,"信用"通过相互抵消而降低了 W—G(卖)的不稳定性。所谓信用,便是避免直面"他者"。"卖"方立场的不稳定性,通过信用而变成"已经卖出"的状态,从而不会直接显露出来。这一情况[进而]变形为下述不稳定性:在结算的时候,是否能够用货币进行支付。信用制度加速了资本运动的回转。这是因为,没有必要等到 G—W—G' 这一过程结束,资本家就可以进行新的投资。

然而,反过来说,一旦资本家无法不断投资下去,也就是说,一旦资本的运动无法不断继续下去,就会陷入"结算"无法进行的状态。在信用制度下,资本的自我运动与其说是为了积蓄,不如说是无限延缓"结算"而产生的不得已的结果。

145　　换言之,资本的自我运动真正超越资本家的"意志"、形成对资本家的强制,是由此开始的事情(在股权资本那里,资本家通过把资本本身作为商品买卖,从而得以在某种程度上避免上述危险)。为了推动资本的自我运动、降低"卖"的不稳定性而产生的"信用",无限地强制了资本的运动。总体而言,资本的自我运动就像自行车的运转那样,恰恰是为了无限期延缓"结算"而必须不断持续下去。

六

但是,"结算"有时会不期然地出现。这就是恐慌。恐慌仅仅出现在信用充分发展的地方,恐慌就是信用的崩溃。值得注意的是,即使货币经济确实形成了巨大的"幻想"体系,当这种"幻想"破灭的时候,人们发现的"现实的东西"并不是自然物,而是货币:

这种货币恐慌只有在一个接一个的支付的锁链和抵消支付的人为制度获得充分发展的地方,才会产生。当这一机构整个被打乱的时候,不问其原因如何,货币就会突然直接地从计算货币的纯粹观念形态变成坚硬的货币。这时,它是不能由平凡的商品来代替的。商品的使用价值变得毫无价值,而商品的价值在它自己的价值形态面前消失了。昨天,资产者还被繁荣所陶醉,怀着启蒙的骄傲,宣布货币是空虚的幻想。只有商品才是货币。今天,他们在世界市场上到处叫嚷:只有货币才是商品!他们的灵魂渴求货币这惟一的财富,就像鹿渴求清水一样。在恐慌时期,商品和它的价值形态(货币)之间的对立发展成绝对矛盾。因此,货币的表现形式在这里也是无关紧要的。不管是用金支付,还是用银行券这样的信用货币支付,货币荒都是一样。①

也就是说,在恐慌的时候,人们依靠的不是商品的物质形态,而恰恰是"直接交换的可能性"(等价形态),也就是货币。当然,上述恐慌与产业资本主义的恐慌相比还是非常单纯。但即使是在产业资本主义那里,恐慌也首先作为信用恐慌而出现。例如,"过剩生产"被认为是造成恐慌的原因,但这种过剩生产也只会在信用制度中产生,并且,能够规范这种过剩的力量,也只能是

---

① 译文根据马克思:《资本论》(第一卷),中共中央马克思恩格斯列宁斯大林著作编译局译,第162页;稍有改动。——译注

信用恐慌中露头的货币。铃木鸿一郎写道：

> 诚然，资本主义信用制度作为资本家社会的机构，会通过商品的信用买卖来中介资本家相互间的货币借贷，并由此一边完善资本主义生产的整体安排，一边促进资本的积蓄；但是，即使在这种资本家社会的机构中，资本主义生产为了直接掌握资本家相互间的货币供需关系，并以此规范资本主义生产的整体安排和资本积蓄，也只能通过一个手段来进行，即**通过金属的现身在场来实行无政府主义式的管理**。资本主义生产自身带来的对于资本主义生产的规范，不得不采取恐慌的形态——其中的必然性，确乎可以说就在这一点上。（《经济学原理 下》）

当然，在此我们不应仅仅想到古典式的恐慌。这种恐慌也许可以通过信用制度的扩充而得以回避。但是，无论何种信用制度，根本上都依存于金属＝货币，这一点不会改变。对金属＝货币的力量予以嘲笑的经济学家，不过是住在理论世界里而已。我在这里不讨论经济景气的循环。不过，必须说一句，仅仅通过生产过程是无法说明这个问题的。资本主义生产的"自我规范"只能通过货币来进行。

"信用"这一幻想体系是一个用来回避"卖"的不稳定性的装置；换句话说，即一个让人觉得货币仿佛无关痛痒的装置。从信用制度来看，作为不断的差异化，资本主义的"时间性"不是向着未来前进，而是不断延缓未来。①

资本主义经济发展并成为一个自我完结的系统，但它无论到哪里都会受到"货币"之谜的制约。微观来看，如马克思所说，这个谜在于商品的价值形态。针对认为"价值形态"或"货币"仿佛无关痛痒的那种思考，在经济学上作出批判：这是马克思的课题。毫无疑问，我的课题则是在哲学或语言论上对同样类型的思考作出批判。

---

① 对于基督教或社会主义的运动的批判认为，它们为了某个设定在未来的目的而牺牲了"此刻当下"。这种批判是正确的。不过，这些都只是内在于资本自我运动的时间性（推迟"结算"的时刻）的想法。并且，这种时间性并不是任意观念的产物。

第八章

教与说

教えることと語ること

一

我在本书开头的时候说,维特根斯坦从"教"的视角出发,试图对语言进行考察。这里的"教(教える)",即英语 teach 的意思。在日语里,我们会说"彼の秘密を**教えて**あげようか(把他的秘密**告诉**你吧)","駅へ行く道を**教えて**下さい(请**告诉**我去车站怎么走)",等。学生经常搞错的是,在这些情形下,"教(教える)"意思不是 teach,而是 tell。而我所谓的"教"的立场,意思是teach。

教(teach)和说(tell)的区别很重要。简单来说,只有在预设对方要学习某种规则性或模式的情况下,才可以使用"教"这个词。而使用"说"的时候,对方没有学习的必要,或者说,让"言说—倾听"得以可能的某种规则已经被学会了。这一点从"教语言"和"说语言"的区别中可以看得明白。在"言说—倾听"之前,理论上必须先进行"教—学"。不然的话,我们就没法"言说—倾听"了。[问题在于,]即使存在着让"言说—倾听"得以可能的规则(语言、编码、体系),我们如何能够教授和学习这种规则?

根本而言,真的能说我们"知道"这种规则吗?例如,我们说着日语,就应该"知道"日语语法。但是,我们真的知道语法(规则)吗？如果外国人问我们"私**が**行く"和"私**は**行く"的差别①，我们答得上来吗？可以说，我们"知道"规则，同时又不知道规则(如下文所述，"知道"一词也有两个层次，不可混淆)。

很显然，像游泳一般**说**，和像游泳一般**教**，并不一样。但是，就算限定在像游泳一般**教**，也存在着众所周知的困难。这个困难就是：无论怎样**说**(说明)游法(规则)，对方也无法从不会游变成会游，但只要会游了，那么上述说明也就不需要了。既然负责教学的我们会游泳，我们就应该知道游法，但却无法**告诉**对方如何才能变得会游。

运动名将不一定是好教练，擅长说明的人也不一定是好教练。例如，关于如何击打棒球，能够进行严格**说明**吗？大部分情况下，都是通过隐喻的方式说明的。比如"把球引过来打""对准弧度的弯曲点"，等等。但是，从物理学的角度看，这些说法都毫无意义。"球在跑""球看着不动了"，等等，都不是物理学层面的问题。这些事情通过隐喻的方式说出，根本上是因为它们"无法言说"。

不过，这里的意思不是说，**存在**一个"无法言说"的神秘领域。在佛教的"悟"的问题上，人们经常会说到(说明)的，便是超越了语言分节化的那个"实在"。但是，修禅的人自己应该不会说这种话。因为这不过是禅以前的或是禅以后的说明体系而已。在临

---

① 在日语中，"が"作为格助词的作用之一是提示主语，而"は"作为助词的作用之一是明确主题。在这里，两句话同样可以译为"我去"，但前者强调的是主语"我"，而后者突出的是整句话中关于"我"的信息，即"去"。——译注

济禅那里,师父以隐喻的方式言说。但这是为了"教"而言说,不是在说明"悟"的状态。并且,这里说的不是某种无法说明的令人惊叹的东西。"悟"是到处存在的;就在日常生活的某个瞬间,人们不也在各自参悟吗?**领会**游泳的瞬间也是一种"悟"。但临济禅有意思的地方在于,始终在师徒关系也即"教—学"关系之中思考"悟"。

例如,师父让弟子"开悟"(教)时的困难,大致与教人游泳时的困难相当。学会游泳的人在那一瞬间"领悟"了,却无法把这一点**告诉**不会游的人。必须得说,神秘的恰恰是"教—学"的过程。

维特根斯坦在《逻辑哲学论》中区别了"可以言说的事情"和"无法言说而只能显示的事情"。不过,从后期(《哲学研究》)的视角来看,也就是从"教—学"视角来看,上述区别已经不仅仅是哲学和宗教或艺术的区别。

例如,维特根斯坦说:"被言说的东西,只能通过语言来说明,因此语言自身在这个意义上是无法得到说明的。"(《哲学语法》)但是,我们如何教授并学习语言?神秘的东西无法用语言来言说——这不过是老生常谈。关键在于,无法**关于**语言进行言说。在这个意义上,维特根斯坦否定了"关于语言的语言"即"元语言"的思考方式。当然,这是在他从"教—学"的视角对语言作出考察之后。

二

柳田国男认为,"学ぶ(学)"就是"まねぶ(模仿)"——而"習

う(学)"无疑就是"做う(模仿)"——并将它和"おぼえる(领会)"①进行对比。通过这样的论述,柳田将一般人们的做法——即把"学"(学问)置于领会之上——颠倒过来。不过,柳田的区分有着另一种意义的重要性。在教游泳的时候,我们暂且只能让对方**模仿**游泳的形态。只能等待对方变得会游的那个一瞬间的领悟。

无论是在曹洞禅(道元)那里,还是在各种技艺之道那里,都有着各自"由形进入"的方式。也就是从模仿开始。但是,关于一般意义上的"教"的过程,也可以这么说。维特根斯坦正是在这个意义上,把语言的习得称为训练。

孩童如果不进行**模仿**,就无法**记住**语言。只要没有特殊的残障,人类孩童在别人向他说话的时候,就会对语词进行模仿。这是自然史意义上的能力。不过,同样可以说,只要没有特殊的残障,人类就具备游泳的能力。换言之,在远离"教—学"关系的层面上,像皮亚杰或乔姆斯基那样从"天生能力"的角度来说明学习,就无法在真正意义上接近"学习"。[皮亚杰或乔姆斯基那样的说明,]不过是**事后的**说明。

例如,我们首先学习数数。当然可以从逻辑上或集合论上为"数数"奠定基础,但这是**事后**进行的工作。"所谓计算,是我们从计算中了解的现象。这就好像语言是我们从自己的语言中了解的现象。"(维特根斯坦:《数学基础》)

皮亚杰将知性的发展视作逻辑—数学构造的变形,试图以此为知性奠定基础,这种做法类似于罗素(Bertrand Russell)试图从逻辑上为算数奠定基础。对于罗素,维特根斯坦并没有(像哥德

---

① 日语"おぼえる"还有"感知""记住"等含义。——译注

尔[Kurt Gödel]那样)从基础论的意义上作出批判。可以说,他是从"教—学"的视角考察了"数数"。"数数"这件事无法"言说",只能"展现"。实际上,对于不知道如何数数的孩童,我们可能从集合论上告诉他什么是"数"吗?

三

然而,重要的是,维特根斯坦并没有跟罗素或皮亚杰站在同一层面。或者说,他也没有和胡塞尔或德里达站在同一层面。从"教—学"的视角看待语言和数字,这一态度在维特根斯坦之前是没有过的(这和皮亚杰所谓的"发生学结构主义"截然不同)。

在这里,我想重新强调"言说—倾听"与"教—学"的区别。此前我曾说,"从言说主体出发"(索绪尔语)根本上就是从"倾听的主体"出发。"言说—倾听"的关系,恰恰是"言说—倾听"的自我关系(独白)。也就是说,它最终走向的是"内省"或唯我论。①

---

① 最近,立川健二对我所谓的"卖=教的立场"进行了扩展,提出了"引诱的立场"。所谓引诱,确乎是与"他者"交流的原型。但是,根据"引诱的立场"来处理规则问题,非常困难。例如,在基尔克果的《引诱者日记》中,引诱者并不仅仅引诱对方,而且教对方恋爱的"规则"。"不久后,她就**学会了**什么是爱,换言之,即什么是爱我;在我事成之际,中途毁弃婚约,她就成了我的人;然而,其他人进展到这一步的时候,就会订立婚约,并对无聊的婚姻抱上永恒善良的期待。"

换言之,我想说的是,不能说"引诱"就是"教",因此不能说"引诱的立场"比"教的立场"更为根本。事实上,在恋爱问题上,或是在恋爱的"规则"问题上,如果我们没有被**教**过,我们就无法恋爱。

用稍显缠绕的方式说,在"言说—倾听"的关系中,事实上不存在"关系"(不存在他者),而且,由于实际上是"言说=倾听",所以其实"言说"和"倾听"都不存在。此前我曾以"教"="卖"的类比进行过说明。通过这一类比,我想说的是,在古典派(新古典派)经济学那里,商品在某个价值(价格)体系中得到交换,但由于在那里"卖=买",所以其实"卖—买"的层面并不存在。可以说,在那里,"卖"或"教"的那种"神秘"一跃被消除了。

所以,雅各布森关于经济学说道:

> 如今,托卡·帕森斯系统性地将货币理解为"高度特殊化的语言",将经济上的交易理解为"某种对话",将货币流通理解为"信息送达",将货币体系理解为"语法和修辞的编码"。他公然将语言学中开发出来的编码和信息理论运用到经济学式的交换中。

雅各布森对这一方向表示支持,进而说道:

> 由此很清楚的是,配偶者、商品、服务的传达,都是辅助性的信息交换。而综合性的传达科学,不仅包含了本来的符号学,也即对于信息及其背后的编码的纯粹研究,也包括信息在其中虽有意义却只是发挥辅助作用的那些学科。无论如何,符号学占据着全部传达科学的内部中心位置,并支撑语言学成为这一科学中的所有其他符号学领域的基础。(《普通语言学》)

对于经济学是否被符号学包含在内，进而被"成为基础的语言学"包含在内，我们并不关心。语言是根基也好，不是根基也好，雅各布森在这里所作的论述，无论在语言还是在经济问题上，归根结底都是以"言说＝倾听""卖＝买"的前提进行的（从历史顺序来说，索绪尔的共时性语言［均衡体系］的概念来自新古典派经济学，所以这种经济学与这种语言学相类似是理所当然的）。

前文说过，只要从"言说—倾听"的层面出发，就会陷入唯我论（独白）。当然，就算揭示了使"言说—倾听"得以可能的规则和编码，也无法就此摆脱唯我论。因为这里不存在"他者"。事实上，在索绪尔那里，编码系统是作为"言说＝倾听"主体的"内省"而被揭示的。就算不说编码和系统，而说"共同主观性"，也还是一回事。对于"言说＝倾听"主体这一出发点作出批判，强调语言"向他者言说"的性质（巴赫金）——也就是强调对话——未必就能摆脱唯我论（独白）的立场。而且，即使主张我的意识（倾听自己的言说）是作为外部语言产物的"内在语言"，也还是一回事。一般而言，我们无法通过诉诸超越于意识的"外部"制度和系统，来否定唯我论。如果唯我论指的是这样一种立场——一切都在我的意识之中，一切都是"对我而言的世界"——那么与之相对，即使主张"对世界而言的我"，即主张我的意识是我所从属的关系体系的"结果"，也还是会重新陷入唯我论，因为这种关系体系归根结底是通过我的意识而得到揭示的。在这个层面上，任何争论都没有意义。因为所有这些论述都是在"言说＝倾听"的立场上作出的。①

　　的确,巴赫金强调了"他者"。但是,就在从"言说—倾听"的对话关系中发现间隙(危机)的时刻,他放弃了。只要仍然在用"言说—倾听"等语词,恐怕我们就无法摆脱唯我论(独白)。

　　至于那些用"书写—阅读"来与"言说—倾听"对峙的文本论者们,他们的情况怎么样呢？可以认为,文本论者批判从"言说—倾听"的层面产生的"当下在场的优越性",试图从"言说—倾听"的**中间**找到作为他异性=外在性的文本。但是,就算用"书写—阅读"代替"言说—倾听",也没有太大区别。巴赫金批判了从"言说=倾听"或单一系统出发的方法,在"言说—倾听"的对话层面上强调了多数体系性(复调)。另一方面,文本主义者将"言说—倾听"视为封闭在一个系统内部的东西,认为"书写—阅读"向着多数体系性敞开。这个区别不过是一个修辞问题。

　　例如,德里达这样的文本主义者认为,语言(文本)被一种规则(意义)所决定和封闭;在此前提下,他通过将语言(文本)引向"不可决定性"而对上面这一点展开了批判。这和哥德尔针对罗素的批判是一样的。但数学领域的话还好说,到了哲学和文学的

------

① 在这一点上,大森庄藏和野家启一的争论值得注意(野家启一编:《哲学的迷宫》)。概言之,大森试图从唯我论内部通过消除"意义"的方式来突破唯我论。与之相对,野家批判大森那里缺少了"他者",并强调了共同主观的制度、范式和对话,等等。大森指出,野家所说的归根结底也是唯我论。但是,两者这样来回兜圈子,意味着双方的立场都是缺少"他者"的唯我论。

文本那里，谁都不曾觉得这些文本的意义可以被单一地决定。①这是德里达设想的假想敌，毋宁说就是德里达自己。

维特根斯坦写道：

> 我的问题不是**从内部**攻击罗素的逻辑学，而是从外部进行攻击。

> 我的问题不是讨论(例如)哥德尔的证明，而是通过它来进行讨论。(《数学基础》)

德里达**从内部**攻击他所谓的"形而上学"(也即[上文中]罗

---

① 理查德·罗蒂对德里达作出了如下批判："在更为一般的意义上，这一批判说的是：当代大部分知识分子置身于一个在意识上没有起始和目的、没有神学或目的论或本体论的文化之中。所以，德里达的主张——即为了考察'哲学概念的系统性谱系学迄今为止遮蔽和排除'的东西，'新的书写'就是必需的——并不明确。如前所述，德里达在说明自己意图的时候，大部分时候都基于一种想法，即文学、科学、政治学等种种方案遭到了'形而上学史'的禁止。这一想法是对海德格尔的重复：后者认为，当代西方人的可能性的所有领域中，追求具有整体性和唯一性的封闭语言的文类历史，占据着中心位置。但是，我认为这一主张完全没有说服力。在我看来，这一主张的唯一的正当化理由在于，西方对于'学术性(wissenschaftlich)''严格性'和'客观性'的要求，仍然花费着大量口舌。不过，除了(像塞尔那样)喜欢坚持'明确事实'的少数哲学家，以及(像我这样)以揭露事实性概念的真相为乐的两三位哲学家之外，谁都不会把'学术性'等语词和上述幻想——即对于具有整体性和唯一性的封闭语言的幻想——结合在一起。"(《解构与迂回》)

素的逻辑学),所以他始终停留在"形而上学"内部。但是,"通过它来进行讨论"是什么意思?如前所述,这恰恰意味着向"教—学"关系的层面进行态度变更。

第九章
家族相似性
家族的類似性

一

前面提到,从"教—学"的观点来看,可以发现:将规则作为规则确立起来,是不可能做到的。我在说日语的时候,确实遵从着日语的规则。但是,我并没有意识到这些规则。"我遵从规则时并不选择。我盲目地遵从规则。"(《哲学研究》219)①

我意识到规则,仅仅是在被教的一方说错的时候,"这么说违反规则"的时候。这不是说,如果对方遵从规则,就会被我接受。用克里普克的话说,这里的问题必须用"对偶"的方式来说。也就是,如果我不接受,那么对方就没有遵从规则。

孩童是否知道某个语词的"意义",只能通过我们看来这个孩童是否正确使用了这个语词,才能判断。但这一点也适用于我们自己。我们并不在积极的意义上拥有"意义"这个东西。要言之,在"教—学"的层面上,我们无法在积极的意义上提出[什么是]"遵从一定的规则":

让我们想一下都在哪些情况下我们会说一个游戏

---

① 译文根据维特根斯坦:《哲学研究》,陈嘉映译,第 130 页;强调为原文所有。——译注

是根据一个特定的规则进行的!

  规则可以是教人玩游戏的一种辅助。学习者被告知规则,练习应用这个规则。——或者它是游戏本身的一种工具。——或者规则既不用于教人,也不用于游戏自身;而且也不列在一张规则表上。我们可以通过看别人玩一种游戏学会它。但我们说,这个游戏是按照某些规则进行的,因为旁观者能够从实际进行着的游戏看出这些规则,——就像游戏所服从的一项自然法则。——可是在这种情况下,旁观者怎样区分出游戏者的错误和正确的玩法呢?——游戏者的行为举止为此提供出某些标记。想一下一个人话没说对想要纠正自己时的那种颇具特征的样子。即使我们不懂他的语言,我们似乎也能够看出这种情况。(《哲学研究》54)①

  在此,维特根斯坦所驳斥的是那种想法,即认为我们可以从实际游戏中理解,游戏是根据一定的规则进行的,或认为可以把规则作为某种基础性的东西揭示出来。毫无疑问,这一批判是从"教—学"的观点引出的。

  在"言说—倾听"层面上,规则究竟是通过我的内省得到揭示,抑或是仅仅从外部(客观地)得到揭示,这两者的确不同,但双方都将规则视为可以明确展示的东西。例如,索绪尔所谓的语言,就是通过内省而被揭示的规则体系。但是,我们的交流是在带有或多或少不同的规则体系的人们之间展开的。在这种情况

---

  ① 译文根据维特根斯坦:《哲学研究》,陈嘉映译,第41页。——译注

下,"言说"包含了"教"(和对方共有自己的语言游戏)。如果只是一味言说而不求对方理解,那么就不是交流。并且,如果交流在存在共同编码的前提下成立,那么这就不过是"教—学"的结果。

巴赫金批判了索绪尔的语言学,认为其中没有"对话"。当然,"对话"并不意味着根据共同编码而相互言说。在我看来,"对话"仅仅存在于"教—学"关系之中。巴赫金主张从"向他者言说的话语"出发的时候,这一"他者"必须是不参与自己的语言游戏的人。当然,将孩童或外国人作为"他者"提出来,是所谓方法上的怀疑。但是,在任何一种交流中,只要是交流,都存在他者。大森庄藏说,交流在日常生活中不是很普通地发生着吗?但是,说一句话对方就能理解,不过是因为对方已经习得了[这里的话语]。在共有语言游戏之前,首先发生的是"教—学"的过程。

索绪尔的缺陷在于,由于他从"言说=倾听"的主体出发,他便将多样的语言游戏(言语行为)化约为对于"意义"进行理解的体验。由此,多样的语言游戏被集中为一种语言(规则体系)。在这种情况下,德里达把无法化约的外部性称作"书写"或"文本"。但是,维特根斯坦写道:

> 但是句子的种类有多少呢?比如:断言、疑问、命令?——这样的种类多到**无数**:我们称之为"符号""语词""句子"的,所有这些都有无数种不同的用法。这种多样性绝不是什么固定的东西,一旦给定就一成不变;新的语言类型,新的语言游戏,我们可以说,会产生出来,而另一些则会变得陈旧,被人遗忘。(对这一点,数

学的演变可以为我们提供一幅**粗略**的图画。)

"**语言游戏**"这个用语在这里是要强调,用语言来**说话**是某种行为举止的一部分,或某种生活形式的一部分。

请从下面的例子及其他例子来看一看语言游戏的多样性:

下达命令,以及服从命令——

按照一个对象的外观来描述它,或按照它的量度来描述它——

根据描述(绘图)构造一个对象——

报道一个事件——

对这个事件的经过作出推测——

提出及检验一种假设——

用图表表示一个实验的结果——

编故事;读故事——

演戏——

唱歌——

猜谜——

编笑话;讲笑话——

解一道应用算术题——

把一种语言翻译成另一种语言——

请求、感谢、谩骂、问候、祈祷。

——把多种多样的语言工具及对语言工具的多种多样的用法,把语词和句子的多种多样的种类同逻辑学家们对语言结构所说的比较一下,那是很有意思的(包

括《逻辑哲学论》的作者在内)。(《哲学研究》23)①

这些多样性无法从"言说—倾听"的层面,而只能从"教—学"的层面才能提出来。在所有这些问题上,"教—学"都是先行的,并且构成了"生活形式"。"言说"不过是这种语言游戏的"一部分"而已。如果是这样的话,那么很显然,我们就不能说语言游戏按照"一定的规则"在进行。

二

维特根斯坦在谈论语言或数学的时候,使用了国际象棋的比喻。这在他前后期的著作中是一贯的,但他要说的意思却有差别。例如,索绪尔也用了国际象棋的比喻。在索绪尔那里,这个比喻首先表明,语言的本质和它的素材(声音和文字等)没有关系。而且,棋子的"意义"是它怎么走的规则,它处在和其他棋子的关系(差异)体系之中。例如,要是改变了棋子的功能和配置,那么就算使用同一颗棋子,也会变成别的游戏。这个比喻表明,语言是独立于"指涉对象"和"意义"的一个表示差异的形式体系。

在前期维特根斯坦那里,可以说国际象棋的比喻大致也是在上述意义上得到运用的。但必须注意,这个比喻容易让人将规则看作一个可以清楚表达的封闭体系。我们从交通规则或校规等用法中,学习"规则(rule)"一词。这些规则并不构成那种"体

---

① 译文根据维特根斯坦:《哲学研究》,陈嘉映译,第 18—19 页;强调为原文所有。——译注

系",即一个项目发生改变的话,整个体系就会改变。但总而言之,我们习惯于认为,规则是在我们外部客观**存在**的东西。维特根斯坦提出语言游戏的时候,其实就是想要否定这种"规则"观。如前所述,"遵从规则"问题的悖论表明,将规则看作**有意识地**理解的东西,这种看法是错误的。我在遵从规则的时候,是盲目地遵从规则,因而并不是私自地(有意识地)遵从规则。

> 因此"遵从规则"是一种实践。**以为**[自己]在遵从规则并不是遵从规则。因此不可能"私自"遵从规则:否则以为自己在遵从规则就同遵从规则成为一回事了。(《哲学研究》202)①

但是,如果我们改变看法,那么国际象棋的比喻就是有效的。例如,说一个人了解国际象棋(会下国际象棋),绝不是说他知道国际象棋的基本规则。"教—学"国际象棋要更为复杂,得要实际下棋、看棋,熟稔各种下法。关于国际象棋,我只知道初步的规则,所以这里以将棋为例。

将棋中有所谓定式,指的是双方尽其所能,最终达到不相上下状态的对弈模式。定式不是规则(规约)。而且,仅仅记住定式也没有意义。在偏离定式的情况下,必须思考下一步如何抓住这一缺陷(并且,从全局来看,局部性的定式必须被打破)。尽管如此,如果不知道定式,那么几乎肯定会输掉——定式就是对此经

---

① 译文根据维特根斯坦:《哲学研究》,陈嘉映译,第 123 页;强调为原文所有。——译注

过验证的模式。更有意思的是,定式有时候会发生革命性的变化(如"雪崩定式"那样)。在这个节点上,定式焕然一新。在这种情况下,新的定式是被"发明"出来,而不是被"发现"的。专家们一边角逐着胜利,一边则是不懈的"发明家"。

维特根斯坦称作"规则"的东西,毋宁说就和这种"定式"相近。"学"将棋,就是熟悉"历史地"形成的各种定式。确实,将棋是有规则的。但是,新的定式并不违反将棋规则,却也不是从规则中演绎出来的。将棋这种游戏,可以说是"历史地"发明出来的定式(规则)的"混杂"之物。

通过这种比喻,我们大概也可以理解,当维特根斯坦将数学视作遵从规则的游戏时,他想说的是什么:

> [数学]总是创造新而又新的规则,总是构建新的交通道路——通过扩建旧的交通路网的方式。(《数学基础》,第二部分166)

> 数学家是发明者而非发现者。(同上,168)

> 可以说,数学家总是发明新的表现形式。(同上,167)①

例如,不同的领域和语境那里,会引出同一个定理。维特根

---

① 译文根据维特根斯坦:《数学基础研究》,韩林合译,北京:商务印书馆,2016年,第304,305页。——译注

斯坦在这种情况下并不把它们视作同一个东西,而视作属于不同的规则体系。换言之,在他看来,数学是由多数的游戏成立的:

> 我想将数学称为各种证明技术的混杂。——并且,数学的多样的可适用性和重要性,便以此为基础。
>
> 根本而言,这一点相当于说,一个人如果拥有罗素体系那样的体系,并由此通过适当的定义而创造微积分那样的体系,那么他就有了一个新的数学发明。
>
> 现在,我们仅仅指出下面这一点:如果某人发明了十进位计算——他确乎就进行了数学上的发明!——哪怕他已经读了罗素的《数学原理》。——
>
> 让我们试着将某个证明体系和其他证明体系并列。在这种情况下,就存在着翻译规则,可以将一个体系中得到证明的命题,翻译为另一个体系中得到证明的命题。
>
> 不过,可以假定的是,当今数学的某些——或全部——证明体系,都是以这种方式被与某个体系(例如罗素的体系)对应起来。所以,人们认为,所有的证明,无论多么迂回,都可以在罗素体系中完成。那么,这时候就只存在一个体系——多数的体系就不存在了吗?——然而,如此一来,同样必须表明:这**一个体系可以分解为多个体系**。——这个体系的**一部分**具有三角法的特性,其他部分具有代数的种种特性,等等。因此就可以说,各种技术都被用在这些部分之中。(《数学基础》,第二部

分 46）

可以说,维特根斯坦反对用一个规则体系来为复数性的规则体系奠定基础。当然,他并没有说,这种化约是不可能的。这就好像说,我们可以从基础规则开始重新说明将棋的定式,定式却绝不是从这些规则那里产生的。

例如,根据罗素的论述,可以基础性地把1,2,3…改写为1,1+1,(1+1)+1…。但是,用罗素的方法改写84×23的话,就会变得很长了。用维特根斯坦的话说,"证明必须是可以眺望的东西",而上面的改写就无法"眺望"。但是,如果是十进位的计算,我们就能够"眺望"。

在罗素看来,根据1,1+1,(1+1)+1…作出的计算是奠定基础,是本源性的。但是,在维特根斯坦看来,十进位的计算也是"数学上的发明",是证明体系。"我想说,如果通过改变标记方式,无法眺望的证明图变得可以眺望了,那么只有在这个时候,之前不曾存在的证明才被创造出来。"(《数学基础》,第二部分 2)因此,没有必要用"一般性基础"对此加以证明。"证明的背后并没有在进行证明的东西,是证明[本身]在进行证明。"(同上,42)换言之,新的表现形式或新的数学上的证明,本身就创造出新的概念。在此,数学被理解为语言游戏——这一点应该已经很清楚了。

三

当代数学建立在下述**表面原则**之上:集合论和符号逻辑学可

以为整个数学领域奠定统一的基础。事实上,从集合论的悖论开始,经由哥德尔证明的致命一击,上面这一点已经不可能了。毋宁说,这种"基础论"与实践中的数学家=发明者毫无关系。某位数学家说道:"我们在工作日的时候是柏拉图主义者,星期天的时候是形式主义者。"(戴维斯[Philip J. Davis]、赫什[Reuben Hersh]:《数学经验》)

维特根斯坦并没有批判这种暧昧性。正如棋手在发明新招的时候,就算相信棋盘中隐藏着"真理"也无伤大雅。维特根斯坦批判的是下述想法,即认为在如今的各类数学证明体系"背后",存在着某种基础性的东西。这种想法等于认为,在日常语言"背后"存在着更为基础性的语言。

当我们把数学视作各种游戏(规则体系)的时候,不存在所有体系中共通的东西吗?换个问法:当我们把语言看作各种语言游戏的时候,"语言游戏的本质是什么,因而语言的本质是什么"?对此,维特根斯坦说道:

> 我无意提出所有我们称为语言的东西的共同之处何在,我说的倒是:我们根本不是因为这些现象有一个共同点而用同一个词来称谓所有这些现象,——不过它们通过很多不同的方式具有亲缘关系。由于这一亲缘关系,或由于这些亲缘关系,我们才能把它们都称为"语言"。(《哲学研究》65)①

---

① 柄谷原文误作"66"。译文根据维特根斯坦:《哲学研究》,陈嘉映译,第48页。——译注

这种亲缘关系被称作"家族相似性"。它们是"相互盘根错节的复杂网络"：

> 我想不出比"家族相似"更好的说法来表达这些相似性的特征；因为家族成员之间的各式各样的相似性就是这样盘根错节的：身材、面相、眼睛的颜色、步态、脾性，等等，等等。——我要说：各种"游戏"构成了一个家族。
>
> 同样，各种数也构成一个家族。我们为什么要称某种东西为"数"？有时因为它与一向被称为数的某些东西有一种——直接的——亲缘关系；于是又可以说它和另一些我们也称为数的东西有着一种间接的亲缘关系。我们延展数的概念，就像我们纺线时把纤维同纤维拧在一起。线的强度不在于任何一根纤维贯穿了整根线，而在于很多根纤维互相交缠。(《哲学研究》67)①

在上述例子中，这种"家族相似性"意味着：数字是多数体系性的，因而无法在**本质**上为(例如)"什么是数"作出定义。毋宁说，这一论断也适用于一般意义上的语言游戏(数学也是语言游戏的一部分)。语言游戏拒斥"什么是语言"这种**本质性**的追问，因为这一问题试图舍弃语言游戏的多样性。

---

① 译文根据维特根斯坦：《哲学研究》，陈嘉映译，第 49 页。——译注

四

如第四章所示,"家族相似性"问题联系着下述问题,即在社会过程(共同体与共同体之间的交换)中,绝不可能找到共通本质或可通约性(commensurability)。马克思把商品的相对性价值表现的连锁体系称为"扩大的价值形态"。与家族相似性一样,在那里终究也找不出中心或本质。对于这一"缺陷",马克思写道:

> 第一,商品的相对价值表现是未完成的,因为它的表现系列永无止境。每当新出现一种商品,从而提供一种新的价值表现的材料时,由一个个的价值等式连结成的锁链就会延长。①

所以,马克思认为,一般价值形态或货币形态——也即作为中心的一种商品——不可避免地将以排他性独占的形式,占据等价形态的位置。然而,这一"缺陷"其实无法就此消解。因为这恰恰是"社会过程"。相反,货币形态为所有商品赋予仿佛存在共同本质的假象,并且让人觉得,无限连锁交叉的东西可以形成一个封闭的体系。

维特根斯坦强调家族相似性,是因为那些追问事物本质或原理的哲学,如同货币形态那样,遮蔽了我们交流(交换)中的"社会

---

① 译文根据马克思:《资本论》(第一卷),中共中央马克思恩格斯列宁斯大林著作编译局译,第80页。——译注

性"。"语词的意义是其用法"——我们不能在实用主义的意义上理解维特根斯坦的这句话。这句话主张的是,我们不能从内在意义(私人语言)出发,而应该回到与"他者"进行交流的层面上。与日常语言学派不同,维特根斯坦的认识是"伦理性"的。

第十章
基尔克果与维特根斯坦
キルケゴールとウィトゲンシュタイン

第十章 基尔克果与维特根斯坦

一

图尔敏(Stephen Toulmin)和雅尼克(Allan Janik)强调指出，维特根斯坦在接触到弗雷格和罗素之前，已经有了他思考的出发点，那就是他在维也纳的思想环境中共享的那些问题。这是沿着康德、叔本华、基尔克果到托尔斯泰的谱系一路下来会采取的基本姿态：

> 尽管从康德的批判哲学到托尔斯泰的故事集的历史连续性既不完整也不直接，但还是有某种由叔本华开启、由克尔凯郭尔完成的逻辑发展。我们能以后见之明看到(密涅瓦的猫头鹰只在黄昏时起飞)，克尔凯郭尔的最终成果在托尔斯泰的《塞瓦斯托波尔故事集》中得到了最佳体现。起初是企图测绘出理性在其各种活动领域之内的限度，最后却以公然否定理性在价值王国的有效性而告终。所以，为理性的范围设限的企图最终导致了如下主张：价值、道德与生命的意义只能在合理性的思想疆界之外，以间接的方式在情感性的范围内加以讨论。尽管在随后的道德态度上有着种种不同——克尔凯郭尔的纯粹个人主义态度、托尔斯泰的集体主义态

度——但不管怎样,他们在这点上是类似的:严格摒弃一切在事实世界中为道德问题赋予"智识基础"的企图——无论是在既定的道德习俗的规范内还是在别的地方。

在这方面,只要是卷入这一进程中的人,都会很自然地对这一代的维也纳思想家、艺术家和社会批评家产生吸引力。①

但是,像上面这样概括的话,康德、叔本华、基尔克果、托尔斯泰就都一样了,结果前期维特根斯坦(《逻辑哲学论》)和后期维特根斯坦(《哲学研究》)也一样了。当然,由于这本书试图从"维也纳"来考察维特根斯坦,作出这种概括也在所难免。但是,思想的核心不在于共同性,而在细微的差异之中。

例如,康德的批判哲学既维系了道德和宗教领域不受理性——逾越了其自身本来边界的理性——的僭越,同时也确立了自然科学的可适用领域。在这个意义上,维特根斯坦的《逻辑哲学论》是康德式的,所谓的分析哲学或许可以在这个脉络上得到定位。但是,《哲学研究》与之有着决定性差异,可以说它是基尔克果式的。也可以说,《逻辑哲学论》和《哲学研究》的差异,类似于康德和基尔克果的差异。当然,我想说的并不是什么维特根斯坦受到了基尔克果的"影响"。我要说的是,为了解从《逻辑哲学

---

① 译文根据雅尼克、图尔敏:《维特根斯坦的维也纳》,殷亚迪译,桂林:漓江出版社,2016年,第188—189页;引文中的人名"克尔凯郭尔",本书译为"基尔克果"。——译注

论》向《哲学研究》转变的意义,我们就得关注从康德到基尔克果的思想转变。

基尔克果所关注的,并不是"事实领域和价值领域的分离"这种一般性问题。他的关注点更为独特。一言以蔽之,他关注的是"基督"这一他者的问题。耶稣不是上帝,也不是超验性的存在或物自体。他是眼睛看得到的实际存在,毋宁说是寒酸而卑微的他者,而且对我们来说,他是这样一种他者:我们不可能从理论上"知道"他就是基督。这种不可知性,和康德的那种不可知论毫无关系。如下文所述,这里的问题与交流的基础有关。

二

康德出于自身的基督徒意识而撰写了《实践理性批判》,但其中不存在基尔克果意义上的"基督"。毋宁说,康德的"批判"适用于一般意义上的宗教,而不是基督教所固有的东西。换言之,这种"批判"无关乎"基督"这一他者(曾经)存在的事实性。问题不是上帝(超验性的存在),而是基督。毋宁说,基尔克果的想法与那种常见的想法截然不同——后者认为上帝无法从理论上了解,却可以在实践上了解(如果用"实在"和"超验性的存在"来取代这里的"上帝",那么这就是一切宗教所主张的内容)。

基尔克果所坚持的,是基督这一他者(曾经)存在的事实(现实),进而也是下述事实(现实):即绝不可能与这个他者进行直接的交流。基督不单单是超验性的存在,也不是"上帝的道成肉身"。例如,对黑格尔来说,基督意味着"理念的外化"。在这种情况下,基督被理解为精神的自我实现过程中的必然性。但是,这不过是从基督出现以后的历史出发,进行事后说明的结果。事实上,基督的出现没有这种必然性。对于这个**事件**,无论何种合理化都不过是事后作出的。在黑格尔那里,基督这一事件性被舍弃了。换句话说,作为当下活生生的他者而存在的基督,被当作无关紧要的东西遭到了舍弃。

但另一方面,如果试图将基督单单作为"人"来理解的话,我们揭示的就仿佛是一位给后世带来深刻影响的思想家。毫无疑问,这不是"基督"。这是我们能够理解的对象,说到底是我们自己。也就是说,这不是他者。

由此,无论是将基督把握为超验性的存在,还是把握为人类,都会导致基督这一他者遭到舍弃。这些做法都没有直面基督这个"神—人"——既是超验性的存在,也是人类。当然,由于我不是基督徒,所以我并不是在党派的意义上(在护教论的意义上)作出如此主张。不过,基尔克果所说的是,在一个仿佛所有人都是基督徒的"基督教世界"中,"基督"缺席了。所有人都是基督徒,却没有一个基督徒。他的任务就是"将基督教引入基督教世界"。在这种情况下,基督教指的是"基督",换句话说,指的是"他者"。所谓"基督教世界",指的是缺乏他者的、普遍的思考。

在我们的语境中,"将基督引入基督教世界"恰恰意味着将他者引入唯我论式的思考之中。前面在讨论笛卡尔的时候说过,唯我论也包含那些试图摆脱唯我论的尝试。也就是说,提出超验性、社会制度和共同主观性等,并不构成对于唯我论的批判,而恰恰本身就是唯我论。在康德那里——他认为无法在理论上了解超验性的存在(物自体),但是可以从实践上了解——既不存在他者,也不存在与他者的关系。因此,也不存在(作为单独者的)自我。因为在康德那里,自我指的是普遍的自我。黑格尔超越了康德显示的悖论,但在黑格尔那里,无论多么辩证,他者也并不存在。他者不过是被"精神"所穿过的东西而已。所谓"精神",归根结底就是黑格尔自己的意识。

当基尔克果强调"基督"这一他者的时候,他完全摆脱了康德和分析哲学的问题意识。维特根斯坦和基尔克果的联系也正在于此。当然,这一联系不是影响关系。维特根斯坦事实上是不是基督徒,这个问题在基尔克果的意义上无关紧要。重要的不是捍卫基督,而是引入"他者"。事实上,基尔克果所强调的是基督的他异性。[他所强调的是]与他者的交流——[这种他者是]我们自身的共感和假定所无法企及的他者,也即不属于我们的语言游戏的他者。

如何"知道"耶稣这个人是基督?所有的说明都是事后的说明与合理化。假定我们和耶稣同处一个时空。没有什么可以保证,耶稣的弟子"跌倒"了,而我们却不会"跌倒"。如下文所述,这种"同时性"并不单单是假设——在与基督的关系问题上,它具有现实性。法利赛人和弟子们的"跌倒"是不可避免的,因为基督的存在方式,恰恰使得他是基督这件事变得不可知(incognito):

> 是什么让认知变得不可能?是这样一种状态:就像穿着便装的警察那样,这个人的本质和外在显现的性格完全不同。
>
> 因此,既是上帝又是一个人类,这让认知变得不可能,是的,绝对地不可能。一个特定的人,或任意一个人(无论高贵还是卑贱,某种意义上都一样):对于作为上

帝而存在来说,这是保持最大程度的也即无限的、性质上的距离状态,因而也是最深邃的不可知。

但是,现代人抹杀了基督。换言之,他们完全抛弃了基督,仅仅采用了他的教诲,要不就是将他空想化,凭空对他直接的言传穿凿附会——他们用这两种方法抹杀了基督。在同时代的状况下,情形完全不同。这个时候,我们必须同时想起的事实是:基督自己要成为矛盾的标志,因而渴望以不可知的姿态现身。(《基督教的试炼》)

基督是上帝,同时也是人类——在另一种意义上,也可以说,基督不是人类也不是上帝。基尔克果试图向我们指出的就是这种他者。他者并非如黑格尔所说,是另一个自我意识(人类)。因为他者对我们而言是"超验性"的。但是,他者并不是超验性的存在(上帝)。因为他者是稀松平常的、无力的人类。与他者的关系并不是"与超验性的存在的关系",也不是"与人的关系"。并且,正是这种与他者的关系才是"现实性的"(实存性的)。基尔克果指出,将这种关系还原为"与超验性的存在的关系"或"与人的关系",就是"对基督的抹杀"。

如前所述,维特根斯坦始终把"不理解我们的语言的人、外国人或儿童"作为思考的前提。对他来说,这就是他者的形象。不过,虽然乍看起来似是而非,但在这种引入"他者"的过程中,应该说维特根斯坦的论述具有基尔克果的色彩。

对维特根斯坦而言,他者指的正是"不理解我们的语言的人",也即不共有语言游戏的人。于是,交流就不是"直接的言传"

（基尔克果语），而必须在将交流之可能性本身予以传达（教授规则）的层面上思考交流。"直接的言传"在共有语言游戏的人们之间是可能的。并且，在这一情况下，我们也可以提出使得这种传达得以可能的社会规则和编码（超验性的存在）。但是，这些都不过是语言游戏被共有之后才作出的**事后**说明。它们无法为交流奠定基础。当然，我并不是想说，与他者（语言游戏不同的人）之间的交流是不可能的。相反，我想说的仅仅是：交流虽然在合理性的意义上是不可能的，也无法为交流奠定基础，但现实中交流却在进行——我们应该对这一**事实性**感到惊讶。用基尔克果式的话说，在抹杀这一吊诡的事实性的前提下产生的合理性奠基行为或怀疑论，都恰恰是"对基督的抹杀"。

就我们的讨论语境而言，基尔克果向我们提示了交流的根本存在方式。换言之，耶稣与弟子们的关系是"教—学"关系。耶稣不进行"直接的言传"，是因为无法做到。基尔克果指出，这是因为基督是神—人，而弟子们是人类。也就是说，"单独者和神—人之间横亘的深渊难以逾越"，在那里，"跌倒的可能性在每一瞬间都显现出来"。

不过，跌倒指的是不把耶稣视作"他者"，而是自说自话地按照自己的方式理解他。反倒是耶稣在作为"他者"的弟子们面前感到为难。这一"深渊"或"跌倒的可能性"存在于"教—学"的非对称关系之中。在那里，不可能存在"直接的言传"。

为了让"言说—倾听"的关系成立，其规则就必须被教。教就是教授规则。然而，虽然谁都知道规则，却无法明确"认识"规则。耶稣也是如此。他知道自己是上帝，但同时"认识不到"这一点。他将自己是上帝这一点予以"教授"，却无法直接对此进行"言说"。在福音书中,令人印象深刻的不是"教授"者的优越性,而是其无力。

如此一来,人们如何才能"认识"他是上帝呢?基督教的全部真理性都取决于此,但人们却"认识"不到这一点:

> 基督教世界中混入了不同的习惯。那里有数量庞大的大开本神学著作,试图对基督教的真理性展开证明。人们藏身于这堵高墙——即证明和大开本神学著作——的阴影处,完全相信其效力。因此,他们对一切攻击都安然无恙。因为证明和大开本神学著作一定会通往同样的结论:故而基督乃如其自身所言之人。由于证明的缘故,这一真理就和 $2\times2=4$ 同样确凿。并且和穿裤子一样轻而易举。神学教授和牧师们昂首挺立在这个不可抗的、将问题予以**直接**阐明的"故而"之上,自信满满的传教士们借助这一"故而"的力量出发,试图让异教徒们改宗。与之相反,基督又是如何呢!他并没有向世人说:故而我是应到来之人。他说的是——正是在将其举止和教诲作为证明予以指出后,他说的是:"凡不因我跌倒的,就有福了。"换言之,他自己明确表示的是:在对他的关系中,证明之类的东西不值一提,无法在证明的引导下到达他那里,也就是说,不可能经由**直接的**过渡成为基督徒,而证明所能承担的最大职责,不过就是引起一个人的注意,将如此这般开眼的人引导到一个十字路口,让他自己作出决定,究竟是信仰还是跌倒。由于证明尚不是已经确定的东西,而是理性(不同于议

论)所阐明或反驳(pro et contra)的内容,反过来说,即使是作为或反驳或证明(contra et pro)的内容,也可以被加以利用。当一个人面对非此即彼的选择时——要么选择信仰,要么选择跌倒——人心才显现出来(因此,基督为了让人内心的想法得以显现,才来到世间)。看呐,在关于基督教的真理性证明的问题上,神学教授们参考了从古至今写下的所有论文,并在此基础上撰写新的著作;在这种情况下,如果有人摆明不承认证明已经完毕的态度,那么教授们就会感觉受到侮辱。但基督自己则与此相反,仅仅说了下面的话:证明无法将人引导至信仰——绝无可能(如果能做到的话,那么"跌倒的人有福了"的补充就成了蛇足)。毋宁说,证明将人引导至信仰可能形成的地点。也就是说,证明的作用是:提请人们注意,将人带入作为信仰基础的辩证法式的紧张之中——在那里,人们将面临非此即彼的选择,要么信仰,要么跌倒。(《基督教的试炼》)

换句话说,基尔克果认为,在与他者之关系＝交流的根基处,合理性的奠基是不可能的。在考察维特根斯坦的"语言游戏"论的时候,这种"深渊与飞跃"不容忽略。他并不是从"哲学话语"回归到"日常话语"。他所回归的恰恰是下述**事实性**——一个理应令我们感到震惊的事实性:即尽管哲学上(合理性上)是不可能的,但在日常(实际)上却是可能的。"语言游戏"确乎就存在于此。这不是逻辑上的悖论,而是体验到的悖论:

194
> 这不是什么偶然的事态。也就是,不可能出现这种情况:某些人意识到了跌倒的可能性,而另一些人则对此毫无意识而安然度日。不,跌倒的可能性,说的是对所有人都带来冲击的东西,由此所有人都不得不面对一个决断:要么选择信仰,要么选择跌倒。(《基督教的试炼》)

对基尔克果来说,基督与其说是给予救赎之人,不如说是给予"跌倒的可能性"之人。基督就是让我们面临"深渊"的他者——不管我们是不是基督徒,不管我们意识到与否。可以说,基尔克果向我们展示的是,人的那种被无根基(深渊)所奠基的存在方式。

但是,基督(神—人)的悖论不能仅仅由存在主义式的理解来处理。为了考察基尔克果和维特根斯坦的"关系",有必要从其他角度审视这个问题。

三

195
所谓基督=神—人,既是超越性的存在(无限的存在),**同时**又是人类(有限的存在)。一旦接受了这个事实,"世界"就发生了变化。例如,当认为平行线在**无限**远点处相交,非欧几何学就产生了,但平行性(不相交)与相交在字面意思上是矛盾的。不过,在非欧几里得的世界中,平行性/相交这组对立已经没有意义了。而且,在无限远点处相交,意味着无限(没有边界)/有限的对立也不适用了。

基督的出现，或对于基督的承认，类似于世界从所谓欧几里得式的时空向非欧几里得式的时空变化。这一类推并不是我一个人的设想。如下一章所述，受到尼古拉·罗巴切夫斯基（Nicholas Lobachevsky）的非欧几何学震撼的陀思妥耶夫斯基，没有将平行线相交的无限远点与基督教式的"终末"进行对比，而是试图通过耶稣这一他者来揭示这一点（《卡拉马佐夫兄弟》）。并且，他在《群魔》中让基里洛夫说出"人—神"的思想，让他论述通过"人—神"来使世界发生物理上的变化。这正是"神—人"的翻转。世界与基督同时发生物理上的变化，这听起来很奇妙。但是，无限远点变得可见的世界，并不是空想。事实上，在爱因斯坦（Albert Einstein）导入非欧几何学（黎曼空间）以后，世界至少已经在物理学的意义上发生了改变，不是吗？而这一改变不是通过观察和归纳实现的，而是19世纪后半叶的那些试图将"无限"视为实在的数学家们所促成的。

如果基督实际存在，世界就会改变。如果将基督视为历史上的人物，那么这就[不过]是过去的事情。换言之，在欧几里得式的时空中，基督不过是"伟大的人"。但是，如果这个世界恰恰由于基督的实际存在而变成非欧几里得式的世界，那么我们就不能以欧几里得式的时空（历史）来思考基督（无限远点）。基督所带来的世界无法独立于基督，而是与基督同时间=同空间。基尔克果写道：

> 因为在与绝对者的关系中，只存在一个时间，也就是现在。对于并不与绝对者同时存在的人，绝对者绝不存在。由于基督是绝对者，在与基督的关系中，只存在

197

一种状况,即同时性。这一点是很明确的。三百年、七百年、一千五百年、一千七百年、一千八百年的岁月,都无法从中减少或增加什么,因此无法对他造成改变。但是,这些岁月也无法显示他是谁,因为他的身份只能从信仰中得到启示。

  基督(这里说的话是非常严肃的)不是快乐地给我们表演戏剧的演员,也不单单是历史上的人物。因为他作为悖论,是最大程度上的非历史性的人物。但是,正是同时性将诗和现实区别开来。诗与历史的差别在于,历史是**现实**发生的事件,而诗是可能性、幻想、创作的世界的产物。虽说是现实发生的事情(过去的事件),但其实是某个特定意义上的现实,也就是在与诗的世界相对立的意义上的现实。那里缺乏"对你自己而言"这一性质,而这一性质则是真理(作为内面性——灵魂的问题——的真理)特质,也是一切宗教性的特质。过去的事件不是"对我自身而言"的现实。只有同时性的东西才是对我而言的现实。与你的生活同时存在的东西,才是对你而言的现实。任何人都是如此,只有对于自己所处、所生活的时刻(时代),才能是同时性的——如果不考虑另一个同时性,即与基督在世生涯的同时性的话!因为基督的在世生涯,作为神圣历史,孤零零地耸立在历史之外。(《基督教的试炼》)

198

  这不同于那种司空见惯的看法,即认为理念史和救赎史存在于现实历史之外。在基尔克果看来,正因为存在基督的现实(事实),这个世界才会发生上述变化。并不是说这种世界藏身于现实的"背后"或"深层"——这种世界正是基督这一现实所带来的现实世界(我们不会说,相对论所揭示的世界是非现实的或想象性的)。

而且,不能将基尔克果的论述混同为那种认为每个单独者都各自和上帝(绝对者)形成关系的"存在主义"。例如,一种司空见惯的想法是,上帝超越于人类历史而存在,上帝和每个人形成关系。换言之,这是在上帝(无限)/人(有限)的对立层面上进行思考的结果。这里不存在"基督"这一现实。换句话说,这种思考仍然停留在欧几里得式的世界中。基尔克果试图驳斥的,毋宁说就是那种可以脱离基督而成立的基督教。

海德格尔或萨特的存在主义往往被称为"没有上帝的神学"。但关键问题不是上帝,而是基督。基尔克果的存在主义脱离了"基督"这一现实就不成立。如果我们拒绝基督这个语词,而又保持基尔克果式的思考,事情会怎样?

我们现在必须中止存在主义式的论述。例如,即便维特根斯坦带有基尔克果的色彩,那也应该从他具体的工作入手加以考察。在维特根斯坦之前,当代数学已经将无限理解为构造完成了的实在的数。这个时候,无限就作为可见的东西呈现出来。比喻性地说,在数学的世界中,"基督"到来了。维特根斯坦对此的态度非常微妙。他反对康托尔(Georg Cantor)的集合论(对角线证明)。这似乎相当于完全不承认当代数学。当然,事实不是这样。维特根斯坦明确地在当代数学的基础上思考其意义。而这就关系到无限以可见的方式实际存在的问题。他对此予以肯定。但是,他拒绝认为这是"证明"的对象。

维特根斯坦的同时代人早已在若无其事地谈论无限集合和实数等。当然,也有人对此进行批判,采取有限主义的直观主义立场,而维特根斯坦往往也被算作其中一员,但他和两边的立场都不相同。由于涉及无限,便产生了悖论,所以无法逻辑地(合理地)为数学奠基,或者,为了避免悖论,就不要触碰"无限",等等——这些想法和维特根斯坦都毫无关系。虽然不太容易发现,但维特根斯坦的"语言游戏"的想法,其实关系到当代数学的核心。尽管他拒斥这一点,但正是集合论=无限论在他那里造成了"态度变更"。这并不是**直接**从"宗教性的关切"那里产生的。当代数学本身突然进入到不同寻常的事态之中,而从技术上处理这一事态是维特根斯坦无法胜任的。

当然,在康托尔等数学家那里,将"无限"理解为"实无限"而非**无穷无尽**,反而意味着宗教性的问题。据说康托尔自己就将这个问题和基督联系起来。不过,一旦承认了"实无限",剩下的就只是技术问题。正如在非欧几何学那里,可以将球体作为模型进行思考一样,这在集合论那里也不是什么深邃的问题。但对康托尔来说,恐怕并非如此。他所遭遇的集合论悖论,足以让他抓狂。根本而言,这个悖论来自将无限视为封闭的有限性存在。对康托尔而言,这看起来像是对轻易处理"无限"问题的一种报复。

19世纪末开始的"数学危机",可以说始于康托尔遭遇的悖论,事实上也不过是其变奏。换言之,弗雷格和罗素的悖论是其变形,而试图对此给出解决的努力,最终也因哥德尔的不完全性定理而遭到致命打击。不过,很多数学家认为这不过是一个技术问题;与之相对,维特根斯坦则认为,这样的"证明"恰恰构成了一个出发点,让人们正视数学的**事实性**。例如,关于数学,我们抱有的朴素而根本的惊讶,并不在于它具备逻辑上严密的自洽性,而在于——就像非欧几何学过去所做的那样——它竟然可以适用于自然界。"为什么会这样"的问题,或者说,"为什么有限的东西可以成为无限"的问题,正在从数学基础论那里消失。不如说,对维特根斯坦而言,在过去,数学本身就是一个悖论。

第十一章

他者之为无限

無限としての他者

一

巴赫金的语言论和文本论,从"向他者说话"的视角考察语言;这一点在《陀思妥耶夫斯基论》中毫无疑义地展现出来。在这里,重要的问题是:"他者"是一种什么样的存在。如果将他者仅仅视作倾听者,那么实际上对话也是独白性的,而且,就算他者是超验性的他者(上帝),也仍旧是独白性的。从陀思妥耶夫斯基的作品来看,各个人物"向他者说话"意味着什么,这是很明白的。甚至在《地下室手记》这样的独白中,叙事也不是独白性的。在[《地下室手记》]这份独白中,陀思妥耶夫斯基笔下大多数人物的特征——即预想他者并作出提前判断的倾向——也显著地体现出来:

> 预想并作出事先判断,这是独特的结构性特征。这会变成坏的无限性。根本上,事先判断对方的回答等于为了自己而保留最后的话语。所谓最后的话语,必须表明主人公完全独立于他者的视线和言语、完全不关心他者的意见和评价。但是,如果主人公在人前忏悔,乞求他人宽恕,在他人的判断和评价下低头,需要靠他人的承认来确立自己的信心,那么他人如何作想就成为最可

怕的事情。由于具有这种倾向,他就要事先判断他者的回答。然而,凭借预想回答、抢先一步,他重新向他者(和自己)表明:自己并没有从对方那里独立开来。他所恐惧的是,他人是否会觉得,他对他人的意见感到恐惧。但由于这一恐惧,他所表明的无非是:自己依存于他者的意识,无法安然凭靠自身作出判断。他通过自身的反驳而肯定了他试图反驳的内容,而且他对此非常清楚。从此就开始无止境地兜圈子,主人公的自我意识和语言都被带入这一过程中。"不,诸位,诸位或许认为,我要在诸位面前忏悔,还要乞求宽恕……诸位肯定是这么想的……但是,话说在前面,诸位怎么想,对我来说都无所谓。"(《陀思妥耶夫斯基论》)

这不同于自我意识过剩。并且,也不同于萨特笔下的自为存在(自我意识)——后者试图对抗将它进行物化(自在存在化)的其他的自为存在。"他者"不是"他者即地狱"(萨特语)的那种他者。[不过,]当巴赫金说,陀思妥耶夫斯基的人物试图在被他者"物化"的情况下勉强地保持意识的"自由",这里的说法确带有萨特的色彩。

但是,我认为事实上刚好相反。这些人物的"言说",恰恰是要"说服"(教)他者。他们那里不存在单纯表明事实的述事性(constative)话语。所谓"他者",就是语言游戏(规则)不同的人。[陀思妥耶夫斯基的这些人物]恐惧的是,自己的话语被他者按照某种意义(规则)来理解(误解)。但在他们自身内部,也不存在能够明确表述的规则(意义)。正是"教"之中存在的悖论,令陀思妥耶夫斯基的人物们感到紧张。

陀思妥耶夫斯基的小说是对话性的,这不是因为人物之间相互对立、"言说"各种意见,而是在这种意义上已经无法"言说"。我们在共有相同的语言游戏的前提下相互言说乃至对立。但如果不是这样,"对他者言说"就应该是令人感到战栗之事。陀思妥耶夫斯基的人物,相互间都直面着这样的"他者"。在这里,客观的明说也罢,私人性的内面也罢,都不可能存在。当然,与由此产生的无止境的饶舌相对,另一面则是沉默(索尼娅、穆希金、佐西马长老)。但是,这种沉默和饶舌一样,都是试图跨越与"他者"之间张开的"深渊"(基尔克果语)的言语行为。

巴赫金说道:"将人物设置在与他者语言和他者意识的关系之中,这确乎就是陀思妥耶夫斯基所有作品的基本主题。"重复一遍:"他者语言"指的是不同的语言游戏。只要在相同的语言游戏中,无论产生什么样的对立和纠葛,也仍然是独白性(唯我论)的。反过来说,所谓对话或复调,不是由声音和视点的多数化而得来的,而是从对话已然变得不可能的地方"对他者说话"才产生的。相反也只有在这种他者面前,才存在自身的单独性。

二

巴赫金认为现代小说都是独白性(唯我论)的;当然,这并不是说现代小说都是独白。那些否定狭义的"独白"的戏剧和小说,恰恰是"独白性"的。从哲学层面上说,这对应于黑格尔或黑格尔式的马克思主义(无论是早期马克思还是后期马克思):

> 陀思妥耶夫斯基的任何一部小说里,都没有通过辩证发展过程而形成什么统一的精神;这里完全同悲剧的情形一样,根本就不存在形成的过程、发展的过程……就陀思妥耶夫斯基的整个艺术创作来说,同样不可把它理解为是描写精神的辩证形成过程。……恩格尔哈特最终也同他以前的研究者一样,把陀思妥耶夫斯基的世界独白化了,把它归之于有个辩证发展过程的哲理性独白。依照黑格尔观点理解的那种统一的、辩证发展形成的精神,除了哲理性独白之外,再不能产生别的东西。在一元论的唯心主义土壤上,要出现众多互不融合的意识是最为困难的。①

207 尽管辩证法的词根是对话,但柏拉图的对话录已经不是对话性的了。可以说,巴赫金对于对话的强调,真正想要批判的是马克思主义。但是,他之所以能够批判这种"辩证法"并提出"意识的复数性",是因为他读了马克思的黑格尔批判。在如此水准上理解马克思的黑格尔批判的"可能性",恐怕巴赫金是第一个。而在我看来,马克思的黑格尔批判不在于《德意志意识形态》等文本,而恰恰是试图把握"商品的复数性"(社会性)世界的《资本论》。在那里,如前所述,商品(所有者)不断面临着"他者"是否会购买的"深渊"。

不过,对黑格尔的唯我论作出批判的人,未必只有马克思。

---

① 译文根据巴赫金:《陀思妥耶夫斯基诗学问题》,《巴赫金全集》(第五卷),白春仁、顾亚铃译,第34—35页。——译注

基尔克果和尼采也作出过批判。例如,对基尔克果来说,任务是将"基督"这一他者重新引入基督教式的世界(唯我论式的世界)之中。当然,基督也罢,货币也罢,关键问题都是"他者",而在黑格尔哲学与号称超越了黑格尔的所有哲学那里,缺乏的都是"他者"。无论这些哲学如何主张多元性、关系性、复数体系或块茎,如果没有"他者",它们就仍然封闭在单一体系内部。同样,在维特根斯坦所谓的"语言游戏"的问题上,人们几乎没有理解,"语言游戏"是和"他者"关联在一起的。反过来说,"他者"使得任何单一体系都变得不可能了。于是,所谓"语言游戏的复数性"就不是相对主义,而是在陀思妥耶夫斯基人物的那种"急切"的情绪中被感受到的。

那么,不管巴赫金自己对于独白的批判从哪里得来,陀思妥耶夫斯基自己是如何[习得这种批判的呢]?虽然巴赫金绝不想提到这一点,但能令陀思妥耶夫斯基做到这一点的,只能是他对于"基督"的坚持。当然,这不是基督教式的观念,而是基督这一他者。或者应该说,正是对他者的认识,能让陀思妥耶夫斯基发现"基督"。但是,这个他者不是萨特意义上的他者(另一个自我意识),也不是文化人类学意义上的他者(stranger)。因此,对"基督"进行思考,便成为我们的一条线索。

三

巴赫金写道:

> 可是,评论家和研究者的脑子里,至今塞满了陀思

妥耶夫斯基主人公的思想观念。作家的艺术意图,没有获得明确的理论上的阐释。给人的印象是,凡走进了复调小说迷宫的人,谁也找不到通路,只发觉了个别人的声音而听不出整体来,常常连整体的模糊轮廓都勾画不出;至于组合不同声音的艺术原则,更是充耳不闻了。对小说中陀思妥耶夫斯基本人最终的意图,每个人都有自己的解释,但所有的人都把它仅仅当作一种语言、一个声音、一种语气。而这正是根本的错误所在。复调小说那种超出某一种语言、一个声音、一种语气的统一性,并没能揭示出来。①

这种"组合不同声音的艺术原则"是什么?很清楚的是,陀思妥耶夫斯基的世界并非仅仅是多元的、非统一的。追求"主人公的思想"或陀思妥耶夫斯基自身的"思想",并不能就此将"不同声音"进行"组合"。我们必须从作品内部揭示这一"艺术原则"。巴赫金继而写道:

由此可见,只有情节布局所实际需要的事物间和心理上一般的衔接联系,在陀思妥耶夫斯基的艺术世界中就显得不够了。因为这类联系的前提是,主人公在作者的构思中是作为客体、作为对象出现的。这类联系所联结所聚合的,是完成了的主人公形象;他们组合起来的

---

① 译文根据巴赫金:《陀思妥耶夫斯基诗学问题》,《巴赫金全集》(第五卷),白春仁、顾亚铃译,第60页。——译注

统一世界,是按独白原则感受和理解的世界。这类联系所聚合的,绝不是许多个地位平等的意识以及他们各自的世界。一般的情节线索,在陀思妥耶夫斯基的小说中只起次要的作用,这里它的功能也很特别而不同一般。最终将他小说中的世界焊接成一个整体的,是另外一种手段;他小说中展现的基本内容,不可能用一般的情节布局来加以解释。①

什么是"将他小说中的世界焊接成一个整体"的东西?恐怕正是这种焊接,为陀思妥耶夫斯基的小说带来了时空上的变化——而在独白式的观点看来,这种变化看上去只是混沌和混乱。例如,让《白痴》和《群魔》的读者感到惊讶的是,在这些长篇小说中,诸多事件眼花缭乱地发生,而事实上小说中只不过是几天时间。在此,如果将日常时空比作欧几里得式时空的话,那么可以说,陀思妥耶夫斯基的小说世界就是非欧几里得式的。换言之,在这里,通常情况下不会相交的平行线相交了。

巴赫金将这一点称作"狂欢式"的。它将"出生—死亡、青年—老年、上—下、前—后、肯定—否定、悲剧—喜剧、赞美—辱骂"等二元对立"内在统一"起来。巴赫金认为,陀思妥耶夫斯基的小说中具有的那种奇特的、迫切的时间性,便是"狂欢的独特时间性"。而他将此和非欧几何学联系在一起——虽然只在短短一句话中出现:

---

① 译文根据巴赫金:《陀思妥耶夫斯基诗学问题》,《巴赫金全集》(第五卷),白春仁、顾亚铃译,第5—6页。——译注

狂欢体时间仿佛是从历史时间中剔除的时间,它的进程遵循着狂欢体特殊的规律,包含着无数彻底的更替和根本的变化。这一事件当然不能算是严格意义上的狂欢体时间,而是狂欢化了的时间。陀思妥耶夫斯基为了完成自己特殊的艺术任务,需要的恰恰就是这种时间。陀思妥耶夫斯基所描写的边沿上或广场上的事件,以及这些事件内在的深刻含义;他的一些主人公,如拉斯克尔尼科夫、梅思金、斯塔夫罗金、伊万·卡拉马佐夫——所有这一切在普通的传记体时间里和历史时间里,是不可能揭示出来的。再者,复调本身,即享有同等权利的内在没有完成的不同意识之间相互作用这一事实,也要求另一种时空艺术观,用陀思妥耶夫斯基自己的话说,是"非欧几里得"的观念。①

212　如果现代小说通常从欧几里得式的公理出发,那么可以说,陀思妥耶夫斯基的小说就是从"平行线在无限远点相交"的公理体系出发的。在这个意义上,"将他小说中的世界焊接成一个整体"的东西,也可以说就是这种无限远点。陀思妥耶夫斯基所知悉的非欧几何,还仅仅是非现实的东西。然而,在相对论之后,我们知道非欧几何是"现实"的。那么,选择了非欧几里得式公理体系的陀思妥耶夫斯基有如下确信,也不是什么奇怪的事情:"对于

---

① 译文根据巴赫金:《陀思妥耶夫斯基诗学问题》,《巴赫金全集》(第五卷),白春仁、顾亚铃译,第235—236页。——译注

现实和现实主义,我的想法和我国的现实主义者和批评家们完全不同。比起他们的现实主义,我的观念论更具现实性。"(《致马科夫》)

但是,与复调和狂欢一样,非欧几何也是一个隐喻。例如,陀思妥耶夫斯基自己谈到非欧几何的时候,并不包含我上面所说的意思。如后文所述,他在"无限远点"处设想的是一种基督教式的"终末"时间点,并对此提出某种异议。毋宁说,我们应该注意的恰恰是他提出的异议。陀思妥耶夫斯基原本就只是在比喻的意义上理解非欧几何,他对非欧几何并不太了解;更不用说,陀思妥耶夫斯基不知道,非欧几何在本身的成果之外,还逐渐牵扯到"数学的危机",即数学基础的缺席的问题。有意思的是,陀思妥耶夫斯基在比喻的意义上理解非欧几何,并对此提出某种异议——这一姿态和维特根斯坦围绕"数学基础"的问题提出异议的姿态非常类似。

四

在《卡拉马佐夫兄弟》中,在因弑父嫌疑而被逮捕的德米特里的审判桥段那里,"数学性"一语在讽刺的意义上被使用:"她提出的文件就是米卡从'都'饭店寄出的信,伊万称之为具有'数学性'价值的证据。啊,审判官也认为这封信实际上具有数学性的价值。"在这里,"数学性的"也可称为欧几里得式的,它表明的意思是:可以从公理体系开始作出逻辑严密的演绎,谁都无法对此进行反抗。

陀思妥耶夫斯基反驳的就是这种"数学"。"地下生活者"反驳了 2+2＝4 一般的确定性，认为我们的"意识"想要的可以说是 2+2＝5。对陀思妥耶夫斯基而言，非欧几何的消息或许恰恰提示了 2+2＝5 一般的世界。但是，在欧几里得几何的公理体系中，所谓平行线的公理从一开始就是可疑的，而且非欧几何同样在选择别种公理的时候进行了严格的"数学性"演绎。也就是说，两者都是公理主义式的，都是所谓"数学性"的。不过，陀思妥耶夫斯基的确为非欧几何赋予了宗教意义，认为它超越了"欧几里得式的智性"：

> 我直接而且简单地承认上帝。但是应该注意到这一点：假如上帝存在，而且的确是他创造了大地，那么我们完全知道，他也是照欧几里得的几何学创造大地和只是有三度空间概念的人类头脑的。但是以前有过，甚至现在也还有一些几何学家和哲学家，而且还是最出色的，他们怀疑整个宇宙，说得更大一些——整个存在，是否真的只是照欧几里得的几何学创造的，他们甚至还敢幻想：按欧几里得的原理是无论如何不会在地上相交的两条平行线，也许可以在无穷远的什么地方相交。因此我决定，亲爱的，既然我连这一点都不能理解，叫我怎么能理解上帝呢？我老老实实承认，我完全没有解决这类问题的能力，我的头脑是欧几里得式的、世俗的头脑，因此我们怎么能了解非世俗的事物呢。我劝你永远不要想这类事情，好阿辽沙，尤其是关于有没有上帝的问题。所以这些问题对于生来只具有三度空间概念的脑子是完全不适合的。所以我不但十分乐意接受上帝，而且也

接受我们所完全不知道的他的智慧和他的目的,信仰秩序,信仰生命的意义,信仰据说我们将来会在其中融合无间的永恒的和谐,信仰那整个宇宙所向往的约言,它本身就是上帝,诸如此类,不可胜数。①

这种宗教性的解释如今看来颇为奇妙,但是,在例如将无限把握为"实在"的康托尔那里,这种解释也是存在的。仿佛碰触了碰触不得的东西,这种恐怖萦绕着19世纪后半叶的数学家。陀思妥耶夫斯基对非欧几何的知悉,来自俄国数学家罗巴切夫斯基,但有意思的是,当鲍耶·亚诺什(Bolyai János)和罗巴切夫斯基各自提出了否定欧几里得平行线公理而成立的几何学的时候,此前高斯(Carl Friedrich Gauss)已经知道这种几何学的可能性,但避免将它公之于众。事实上,非欧几何因此在很长一段时间内仅仅在这三个人之间存在。

我认为在那个时候,高斯的恐惧源于他认识到,为了证明非欧几何学并不自相矛盾,就必须做到为非常单纯的算术(如 $2+2=4$)奠定基础。在数学的意义上,非欧几何单单是对平行线公理进行否定的公理体系所构成的。并且,只要做出球面那样的"模型",就可以将非欧几何还原为欧几里得几何。因此,非欧几何的非矛盾性,依赖于欧几里得几何的非矛盾性。然而,根据解析几何,由于平面(坐标)上的各个点可以置换为一对数字组合,几何的命题就可以置换为代数的命题。所以,欧几里得几何的奠

---

① 译文根据陀思妥耶夫斯基:《卡拉马佐夫兄弟》(上),耿济之译,北京:人民文学出版社,1981年,第264页。——译注

基,就成了为实数进而为最单纯的自然数奠定基础。高斯预想到这一过程不可避免,而且没有解决之道。

陀思妥耶夫斯基搬出了"意识"和"上帝的世界"来反驳2+2=4的确定性,反驳"欧几里得式的智性"。但是,几乎在同一时代,正是在数学领域中,发生着一个危机事态:即要求为算术本身进行公理主义式的奠基。例如,弗雷格和罗素相信,算术的公理主义式奠基是可能的,数学是逻辑学的一部分。然而,众所周知,哥德尔的证明表明,这种逻辑陷入了自指的悖论。这类似于陀思妥耶夫斯基所谓的"意识"。但正如《地下室手记》不是陀思妥耶夫斯基小说的全部,"意识"的悖论也不是全部。在这里,必须产生一次回转。这个回转正是对"他者"的引入。哪怕结论看上去完全相反,但罗素也罢、直观主义者也罢、哥德尔也罢,最终都是在"唯我论"中进行思考。追求确定性和证明确定性的缺席,都是在同一个平台上展开的。如前文提示的那样,维特根斯坦的立场是对这个平台本身提出质疑。

五

维特根斯坦从根本上反对罗素那样的数学"奠基"。无限远点也好,无限集合也好,数学的危机始于将"无限"假定为实在。他反对"实无限"的想法,或不如说,归根结底,他反对那种认为数学对象实际存在的想法。对康德和弗雷格来说,数学是所有人都不得不承认的存在。但是,维特根斯坦认为,数学是语言游戏,和语言一样——观念也罢,对象也罢,都不具有指涉物。数学是随着规则的不断变化而被"发明"的游戏。人们可以**事后**

根据公理系来为数学"发明"奠定基础,但数学并非派生自这样的基础。

当我们将数学视作语言游戏的时候,首先要注意的是:语言游戏总是复数性的,无法被化约为一个体系。

> 我想将数学称为各种证明技术的混杂。——并且,数学多样的可适用性和重要性,便以此为基础。
>
> 根本而言,这一点相当于说,一个人如果拥有罗素体系那样的体系,并由此通过适当的定义而创造微积分那样的体系,那么他就有了一个新的数学发明。
>
> 现在,我们仅仅指出下面这一点:如果某人发明了十进位计算——他确乎就进行了数学上的发明!——哪怕他已经读了罗素的《数学原理》。
>
> 让我们试着将某个证明体系和其他证明体系并列。在这种情况下,就存在着翻译规则,可以将一个体系中得到证明的命题,翻译为另一个体系中得到证明的命题。
>
> 不过,可以假定的是,当今数学的某些——或全部——证明体系,都是以这种方式被与某个体系(例如罗素的体系)对应起来。所以,人们认为,所有的证明,无论多么迂回,都可以在罗素体系中完成。那么,这时候就只存在一个体系——多数的体系就不存在了吗?(《数学基础》)

当然，维特根斯坦认为，多数性的体系是存在的。例如，非欧几何具有实际的"可适用性"，它和十进位计算一样是"发明"。这并不意味着，如果不在公理主义的意义上确证非欧几何的非矛盾性，它就无法成立。事实上，大胆主张非欧几何的人们原本是对天文学感兴趣，毋宁说，他们哪怕无视逻辑学上的危机也要作出如此主张。可以说，非欧几何是"应用数学"，因而具有"可适用性"。这里没有将数学神秘化的那种谜。

数学不是去"发现"隐藏起来的实在（揭开盖子：dis-cover），而是随处进行的"发明"。如果我们把这些发明视为由一个形式体系产生的东西，那么这个体系就会陷入悖论，就得直面"基础的缺席"的问题，而维特根斯坦拒斥的正是这种尝试本身。要言之，数学是复调体系，可以在相互间进行"翻译"，但是无法化约为一个体系。这等于说，语言游戏是以他者（语言游戏相异的人）为前提进行的。例如，2+2=4 既不是所有人都得承认的"真理"，也不是"确定性"。事实上，如果是三进位计算，说 2+2=11 也不算犯错。因此，人们就得被"教"+号的"加"的意义，而["+的意思是'加'"]是语言游戏的用法。和语言一样，没有什么可以保证+这个符号在任何时候都具有同样的意义。

这看上去是蛮不讲理的怀疑论。但是，这一怀疑并不否定一般意义上的"确定性"，而仅仅显示了"确定性"是在何种悖论下成立的。迄今为止，我通过"教"和"卖"的悖论而展现了这一点。在这里，我想重申的是，维特根斯坦并不仅仅从经验论的立场出发放弃了"实无限"，而是让这个问题转移到了与"他者"的关系层面上去。

例如，直观主义者（有限主义者）同样拒斥"实无限"。因此，

维特根斯坦也往往被列入直观主义者行列。但是,如克里普克所说,他们根本上是"唯我论"的:

> 尽管维特根斯坦关于数学的观点无疑受到了布劳威尔(Brouwer)的影响,但布劳威尔的直觉主义数学哲学对这里没有起到什么作用。如果说有的话,那就是比"柏拉图主义者"的那些传统对手更加唯我主义。按照其观点,数学能够理想化为单个数学家("创造性主体")的孤独活动,这个数学家的数学定理是关于他自己心灵状态的断定。"数学家们形成一个交流共同体"这个事实无关于其理论目的。(事实上,布劳威尔自己据说持有一些神秘的"唯我论"观点,这些观点会认为交流是不可能的。即使我们把这些观点丢在一边,这里说的这个关键点还是会留下来。)①

另一方面,维特根斯坦虽然拒斥实无限,但没有否定"无限"的问题。事实上,数学始终以"无限"为自己的对手。例如,在代数那里,x+y=y+x 可适用于所有的 x 和 y,但这里"无限"已经显现出来了。例如,让我们看一下这个等式:

$$\frac{1}{3}=0.3333\cdots$$

省略号的意思是"以下相同"。当然,我们可以通过计算确

---

① 译文根据克里普克:《维特根斯坦论规则和私人语言》,周志羿译,第106页。——译注

认,小数点后一百位的数字是3。但是,在无限位数字的问题上,为什么可以这么说?例如,直观主义者会拒斥那种看法,即认为在进行这个计算之前,0.3333…这个数已经"存在"。或者说,他们会拒斥那种看法,即认为这个数字在计算之前就已经包含在1/3之中了。尽管如此,直观主义者不会怀疑"以下相同"这一证明本身。于是,不承认这是证明的维特根斯坦,似乎比直观主义者(有限主义者)更加彻底地限制了数学的可能性。

但是,维特根斯坦并不是为了避免悖论而采取有限主义立场。他与直观主义者的区别在于,在他看来,正是由于数学必须始终以"无限"为对手,所以必须对这个问题追根究底。他将这个"无限"的问题转化为与"他者"的一致性的问题。当然,这不同于所谓的相互承认。[在与"他者"的一致性问题中]包含着其他种类的悖论。但是,这是在实践上经历的悖论,是将数学从封闭的"确定性"体系中解放出来的悖论。柏拉图主义者也好,形式主义者也好,直观主义者也好,在这一点上都是共通的:他们都在没有"他者"的唯我论式的世界中探求"确定性"。对维特根斯坦来说,由此产生的悖论是无意义的。不过,我们不能忘了:维特根斯坦成功地将悖论转到了完全不同的领域。

六

在某种意义上,维特根斯坦的这种态度类似于陀思妥耶夫斯基在遇到"实无限"或"无限远点"的可能性想法时所作的反应。在刚才引用的段落之后,伊万·卡拉马佐夫继续说道——如前所述,他从平行线相交的无限远点那里读出了基督教意义上的"终

末",但与此同时,又无法承认这种"上帝的世界":

> 但是你要知道,归根结蒂,我还是不能接受上帝的世界,即使知道它是存在的,我也完全不能接受它,你要明白,我不是不接受上帝,我是不接受上帝所创造的世界,而且决不能答应去接受它。我还要附加一句:我像婴儿一般深信,创伤终会愈合和平复,一切可气可笑的人间矛盾终将作为可怜的海市蜃楼,作为无力的、原子般渺小的、欧几里得式的人类脑筋里的无聊虚构而销声匿迹,在宇宙的最后终局,在永恒的和谐到来的时刻,终将产生和出现某种极珍贵的东西,足以满足一切人心,慰藉一切愤懑,补偿人们所犯的一切罪恶和所流的一切鲜血,足以使我们不但可以宽恕,还可以谅解人间所曾经发生的一切。就算所有、所有这样的情景终会发生,会出现,但是我却仍旧不接受,也不愿意接受!甚至即使平行线能以相交,而且我还亲眼目睹,看见而且承认说:确乎是相交了,我还是不肯接受。①

他之所以不肯"接受",是因为存在着(例如)无谓地受苦、流泪并死去的孩童。"问题是很多的,但是我单单只提孩子的问题,这是因为它最能无可辩驳地说明我想要说的意思。你听着:假使大家都该受苦,以便用痛苦来换取永恒的和谐,那么小孩子跟这

---

① 译文根据陀思妥耶夫斯基:《卡拉马佐夫兄弟》(上),耿济之译,第265页。——译注

有什么相干呢？请你对我说说！"①

伊万以"孩童"为例，拒不承认"终末"。我们可以从维特根斯坦的语境来理解伊万的不满。"孩童"正是"他者"——并不共有我们的语言游戏的"他者"——的一个例子。基督教世界属于那个存在"终末"的语言游戏。甚至"痛苦"也只有在这种语言游戏中才存在。但是，"孩童"不知道这是什么，而仅仅是受苦。就算他能在终末的时候得到补偿，他也无法理解如何且为何得到补偿，不是吗？

例如，维特根斯坦说："不存在私人语言。"例如，"疼痛"这件事是通过语言游戏习得的，不存在无法向他人言说的那种"内在状态"。但是，作出如此论述的时候，维特根斯坦并不是想说，语言的分节化先于"世界"和"内面"而存在。他想要拒斥的是那种观点，即认为我可以从自己的"疼痛"的实在经验出发，推论出"他者的疼痛"。"他者的疼痛"绝不是一个逻辑证明的问题。之所以维特根斯坦拒斥私人语言，是因为这会将他者的问题变成从自己"内在状态"出发进行推论性思考的问题。

哪怕是超越了欧几里得式智性的"上帝的智性"，在那里，"他者"和我之间的"平行线"也仅仅在推论的意义上相交，而并不是真正相交（或者说，他者是缺席的）。那么，两者如何才能相交？陀思妥耶夫斯基让阿辽沙如此回答伊万的问题：

"同时你能不能那样想，就是你为他们建筑的那些

---

① 译文根据陀思妥耶夫斯基：《卡拉马佐夫兄弟》（上），耿济之译，第266页。——译注

人会同意在一个受残害的小孩的无辜的血上享受自己的幸福么,而且即使同意了,又能感到永远幸福么?"

"不,我不能那样想,哥哥,"阿辽沙突然两眼放光地说,"你刚才说:全世界有没有一个人能够宽恕而且有权利宽恕?但这样的人是有的,他能宽恕一切人和一切事,而且代表一切去宽恕,因为他曾为了一切人和一切物而流出了自己清白无辜的血。你忘记了他,而大厦正是建立在他的上面的"。①

陀思妥耶夫斯基发现的"无限远点"不是什么"终末",而是身旁那个样貌卑贱的基督。如果陀思妥耶夫斯基那里存在"非欧几里得式的观念",那么它就是在与基督的同时性(基尔克果语)中经历变化的时间和空间。"大厦正是建立在基督上面的。"

大概陀思妥耶夫斯基的小说也是如此建立的。但是,它并不具有坚固的"基础",因为基督恰恰就是"跌倒"。但"他者"确乎存在,并且,无论多么不稳定,自我与他者的平行线相交的那个独特之点确乎存在——这使得陀思妥耶夫斯基的小说从唯我论(独白)式的世界那里发生变化,"将他小说中的世界焊接成一个整体"。

---

① 译文根据陀思妥耶夫斯基:《卡拉马佐夫兄弟》(上),耿济之译,第276页。——译注

第十二章
对话与反讽
対話とイロニー

一

"他者"在一对一的关系中显现出来。若非如此,则"他者"就是缺席的。但这一关系不仅仅是数字问题。例如,并非只要两个人相互说话——通常被称作对话——就构成了一对一的关系。因为这两个人以共同的规则(所谓第三方)为前提而说话。

我所谓的"双方关系",指的是那种共同或一般的规则仅仅在"事后"成立的关系。我通过"卖的立场"和"教的立场"所说的,都是关于这种"双方关系"。由于不具有相同的语言游戏,这种关系中便包含着"惊险的一跃"。

与之相比,在所谓的对话中,即使明确存在他者,也不存在"他者"。换句话说,不存在他者的"他异性"。在那里,一对一的关系,等于与普遍性他者的关系,进而等于与自己的关系(自我意识)。因此,就算承认他者,它也不过是另一个自我意识。

列维纳斯(Emmanuel Levinas)写道:

> 他者并不是我们所遭遇的威胁我们或想征服我们的那种存在。抵抗我们权能的存在之事实,并不是一种比我们的权能更强大的权能。是他异性构造了它的所有权能。它的神秘构成了它的他异性。一个根本性的

说明:我并不是原初地将他人视为自由,自由是一种交流的失败在其中已经被提前铭刻的特性。因为和自由联系在一起的关系无非是臣服或者奴役。在这两种情况下,两种自由中的一种都被毁灭了。主奴之间的关系可以被作为一种斗争而把捉,但接着它就变成了一种交互。黑格尔已经向我们展示了主人是如何变成奴隶的奴隶,而奴隶又是如何变成主人的主人。

通过把他人的他异性视为一种神秘,用羞涩定义它本身,我并不是要把它视为一种等同于我的,以及与我较量的自由,我并不是要将另一个实存者放到我的面前,我所提出的是他异性。就像死亡,我们打交道的不是一个实存者,而是他异性事件,而是异化。自由不是初始地刻画他者,并继而从中推导出他异性的东西,他异性是他者将其当作本质而担负的东西。正是因此,我们才在一种爱欲之原初绝对关系中探究他异性,这种关系不能被翻译成权能,也不应该被这样翻译,如果我们不想歪曲该情形的意义的话。①

列维纳斯在这里批判了黑格尔(或萨特)。黑格尔看似强调了他者,但另一个自我意识并不是"他者",因为它和我都属于同一个语言游戏(规则)。如此一来,两者就位于"斗争"的关系之中。另一方面,海德格尔并不将他者视作敌对方,而是视为相互

---

① 译文根据列维纳斯:《时间与他者》,王嘉军译,武汉:长江文艺出版社,2020年,第82—83页。——译注

性的共同存在（Miteinandersein）。列维纳斯写道：

> 前置词共/与（mit）在这里用来描述关系。因此它是一种肩并肩的关联，它们围绕着某物，或者围绕着某一共通项，更准确地说，在海德格尔那里，是围绕着真理而关联在一起的。它不是一种面对面的关系。在[共在]中，每一个个体都提供出自己的所有，除了它的实存这一私人事实。我们希望从我们的角度显示，不应该用前置共/与（mit）来描述与他者的原初关系。①

我在这里不打算深入探讨列维纳斯的思想。只需明确一点：如他所说，在一般意义上，我们所谓与他者的一对一关系或对话，并不是"相互面对"，而总是某种"围绕共同项形成的关系"。为了措辞上的明确，让我们暂时将他者作为"他异性"存在的那种"面对面"的关系称作"相互关系"，将那种对方（无论是一个人还是多个人）[与我们]"相邻"的关系称作"一般关系"。

例如，在说服某人的时候，我们有时候可以诉诸"真理"或无法驳斥的逻辑，有时候则不行。具体而言，在恋爱的情形下就不行。因此，列维纳斯从"女性的东西"或"爱欲关系"中揭示"他异性"。当然，这不是要将论述限定在"爱欲关系"上。例如，和精神病患者说话的时候，我就无法以共同规则——理应将他说服的共同规则——为前提。

关于"卖的立场"和"教的立场"，也可作如是观。去商店的

---

① 译文根据列维纳斯：《时间与他者》，王嘉军译，第7页。——译注

时候,买方和卖方的关系看似简单成立,但这里的关系是根据价格(规则)而来的关系,仅仅是"相邻的关系"。

在学校,看上去是教师在教学生。但是,教师仅仅在言说公认的"真理",他和学生的关系不过是一种"相邻的关系"。这里几乎不存在"面对面"的"相互关系"。相互关系是让共同规则的不稳定性显露出来的场所。毋宁说,人们依附于普遍性的真理,正是为了从这个场所逃开——正如人们在恐慌中拼命抓住货币而非商品那样。

二

例如,下将棋的时候,我会预测对手下一步怎么走,并先下手为强。对方也同样如此。不过,这是以将棋规则不发生改变为前提的。我的一个朋友跟人下将棋,对方误以为是在下五子棋。幸好下到第三步的时候意识到问题了,但在这种对决中,双方都有可能单方面宣布胜利。必须要说的是,如果不是这种意义上的"他者",那么就算主张游戏的对手是他者,真正的"他者"也并不存在。诚然,与自己一个人下棋的情形不同,和人对弈的时候,对手会走出自己意料不到的棋。但是,这不过是"自我意识(自为)与自我意识(自为)的抗衡"。而且,如果是职业棋手,那么一般会在决出胜负后的感想战上,相互间"共同"探讨最好的下法(暂时的真理),从而最终到达那个超出胜负、谁都无从反驳的地点。

尼古拉·雷谢尔(Nicholas Rescher)试图从论争的结构出发来重新思考辩证法。虽说是论争,其实指的是自古以来那种存在判决的形式性论争——今天美国大学里的博士论文答辩,就保留着这种论争的形式。简单说来,这种论争和法庭判决非常类似。论争首先始于提议者的意见提示,反对方对此作出驳斥,再以提议者作出回答的方式继续下去。在这种情况下,提议者的主张不必是无法反驳的绝对且自明的命题(真理)。只要没有出现针对这一主张的有效反驳,这个命题暂时就可以被"推定"为真。

在这种论争中,只有提议者有"举证责任",反对方无须提出任何积极的证据。"举证责任"和"推定性真理"的概念结合在一起。某个意见的提议者必须对针对该意见的反驳作出反证,与此同时,如果对方没有有效的反驳,他的提案就被推定为"真理"。

通过这种方式,雷谢尔试图将辩证法重新确立为"对话的逻辑"。当然,他所谓的辩证法并不像黑格尔所说的那样,可以超越"矛盾律"。反驳方要指出提议者的矛盾,提议者对此要修正自己的意见,使之不会自相矛盾。换言之,正因为矛盾律得以维持,对话才能进行和发展。雷谢尔想要否定的是那种脱离对话而存在的真理。他依照卡尔·波普尔(Karl Propper)的想法,将没有反驳可能性的那种真理置于科学合理性之外——不过,雷谢尔试图用"辩证法"一词来重新表述波普尔的想法。

自从柏拉图以来,一般被称为"辩证法"的,都已经将这种论争的形式给内在化了:

在这一章里,我们考察了如下观点,即认为在追求真理的一般论述过程中,论争和讨论被认为是典型模式。我们从合理性**论战**过渡到了合理性**探究**。这一进路并不新鲜。早在柏拉图的《泰阿泰德篇》中,苏格拉底就认为,探究思考是一个人进行的讨论或对话。在其后的很多哲学家中——他们认为推理思考总是对话性的——皮尔斯(Charles Sanders Pierce)在这方面尤为出色。但是,毫无疑问,黑格尔是第一个作出如此主张的代表性人物——即真正的认识都必须按照辩证法的形式展开。

探究基本上采取和论争形式同类的形式。这种历史上占主导的、认为探究具有辩证法性质的进路,观察着日常性论争的意味深长的变化。其目的**不是反驳反对方的主张,而是对命题的合理性凭证作出评价**。按道理进行的对话,其过程得到新的方向性改变:从论战和论争的双边敌对行为转变为一种单方面的努力,即在内心的反省性思考的独立过程中,与自己进行"讨论"。

因此,这一修正过的进路,事实上不是敌对行为意义上即论争意义上的"论证",而反映出另一种意义上的"论证",即举证性的推理过程。这里的目的不是打败竞争中的[命题]**主张者**,而是在设计反驳性推理的方针、依次对各个事项进行阐明的过程中,对主张进行检验。通过将辩证法重新定位为单方面的东西,辩证法式的方法论就发生了革命性的改变:从**论战**的方法论变成**探究**的方法论。探究的目的在于达成**可辩护**的结果,也即在合理性讨论中能够充分确证的主张——这一想法为合理性讨论向合理性探究的过渡提供了正当性。(《对话的逻辑》)

但是,在自己内心的对话那里,存在于法庭和论争中的他者

就不存在了。事情不会因为这种变化而改变吗?雷谢尔写道:

> 对于有说服力的、坚实的根本理由的追求,构成了论争的特征。这种追求和举证性探究中那种对于证据上健全的根本理由的追求,是**同一类型**的追求,换言之,两者结构上是相同的。论争的结构和举证性探究的结构之间具有这种平行关系,并不是什么令人惊讶的事情。因为这种**结构**上的等价无疑就是**功能**上的等价,也就是说,它们源于同一种行为:针对问题命题而建立**充分的议论**。这种议论如果能让人信服,那么它就是"充分"的。在这种情况下,**某个其他人**(例如对论争作出决定的"有辨别能力的仲裁者")是否**真的**在论争中被说服,或者,[讨论者]**自己**是否**必须**在探究过程中被说服,并不是问题。基本的要点在任何情况下都是**一样的**,即在举证的意义上确立健全的论证。
>
> 因此,足以让人诚服的论证、充足理由等概念,无论是(在讨论中)试图说服他人还是(在合理性探究中)试图说服自己,都是一样的。理由和根据等概念是非个人性的、客观的东西。**私人**语言也许并不存在,而推理基准的个人特有的教理即**私人**逻辑则肯定不存在。这一表达本身就是一种矛盾形容。重要的基本问题不是"我如何说服自己,某物就是如此如此",而是"关于这个问题,我们如何达成相互理解"(笛卡尔以来的现代认识论的自我中心主义观点,已经造成了相当多的危害)。为命题的接受赋予或寻求充足理由,这一任务无论是在公

共论战还是在个人探究的状况下,都必须是同样的。
(《对话的逻辑》)

雷谢尔要说的是,哪怕是自己内心的对话,它也不像笛卡尔所说的那样从"意识"出发,而是相反,它来自"如何**说服**他者"的视角。这相当于说,在我的对话内部,他者已经被内在化了。

如前所述,这种论争的场所类似于将棋游戏。对弈者对于彼此都不是"他者"。双方尽管在这一场所争胜负,但根本上指向的是无法反驳的"推定性真理"。但如果这里有一个误把将棋当作五子棋的"他者",事情会如何呢?他无疑会被排除出去。

这相当于在由审判官、检察官、律师组成的法庭辩论上,叫嚷着"我完全不认可这种审判官"的"他者"会被清出场。检察官和律师并不是敌对关系,他们双方都是学习了法律语言游戏的人,所以双方能够互换角色。在法庭论辩上,能够如此互换角色,意味着那里存在的仅仅是共有法律语言游戏的诸多个人,而不存在他者。当然,作为判例,审判官的判决会改变法律语言游戏,但这绝不是跨到语言游戏的外部。有过审判经验的人应该会感到,与其说律师是自己一方的人,不如说他们所有人都是共犯,都随意地进行着一个游戏。并且,众人对此的同意,不是对话意义上的"承认",而是由国家(共同体)所施加的"强制"。

我作为被告,想要对检察官进行反驳,但在这里,除了遵循某种形式和规则的反驳,其他的反驳均不被许可,均被视为无效。当雷谢尔说,只有经历了"形式性论争"的[论述]才具备"合理性",我非但不能从中感受到对话,甚至感受到了暴力。事实上,从雷谢尔对怀疑主义者作出攻击的论调中,能听得出残忍:"要言之,怀疑主义者就是那些家伙,他们不打算遵守证据上的根本法则,而后者负责按照既定方针进行合理性审议。"(《对话的逻辑》)。

柏拉图以此将诗人——也即扰乱根本法则的人——从"共和国"(哲人＝王的国家)中驱逐出去。柏拉图确立了这种意义上的对话＝辩证法。他让笔下的苏格拉底说道:"你我要好好玩味一番"(《普罗泰戈拉》);"让我们来共同探讨一下,德性究竟是什么"(《美诺》)。换言之,通过"我与你"的"共同探讨",真理就可以被揭示出来。这相当于是自身内部的"探究"。

但之所以能这么说,是因为"我与你"同属于一个共同体,而不属于这个共同体的人就被视为非理性的。雷谢尔写道:"如果放弃这种基准而采取被认为是个人化的探究基准,那么无论这么做是出于多少善意,它都是降格到私人尺度的用法上,都是从合理性推论者的共同体那里退出,也就是以此放弃了理性的规划。"(《对话的逻辑》)

三

雷谢尔否定柏拉图式的实在论,认为真理仅仅是那些在对话(辩证法)中无法遭到反驳的假说。但是,就算辩证法真的如此,而不是恩格斯所谓的事物之逻辑,我在上面作出的论述也不会发生变化。也就是说,辩证法那里不存在"他者",它根本上是一种独白。而且可以认为,哲学仅仅存在于这样的场所——在那里,我始终都是普遍意义上的人。

雷谢尔将笛卡尔视作怀疑论者的代表。笛卡尔是从意识的明证性出发的。但需要注意的是,这种意识是"私人性"的。他并不认为,正在进行怀疑的自己的无可怀疑性或"我思"的明证性对于"所有人"都适用。所以笛卡尔才认为,上帝的保证是必须的,并试图通过"我思"的明证性来证明上帝存在。与其说这是唯我论,不如说这是摆脱唯我论的尝试。不,应该说,唯我论本身就包含了从唯我论那里的逃脱。

前面提到,柏拉图的辩证法是独白(唯我论)式的。哲学始终都是这样一种思考装置:它从"我"(内省)出发,并暗中将这个"我"视为"我们"(普遍意义上的人)。笛卡尔被我们记住,不是因为他从自我意识的明证性出发,而是因为他对"'我'是'普遍意义上的人'"这一默认前提表示怀疑,将它视为应该予以证明的事情。当然,在证明了上帝的存在之后,"我"就成为普遍意义上的主观,进而与康德和黑格尔联系起来了。

但是,笛卡尔的论证是一种循环论证:以私人的明证性来证明上帝,但正是上帝确保了私人的明证性具有普遍性。从这里就有可能产生"存在主义"——它将这种循环理解为一种飞跃、信仰、投射。至少可以说,笛卡尔是最早自觉意识到那种无法具有共同性的"私人"意识的人。所以,相对于柏拉图式的真理辩证法,与之截然不同的问题便从这里产生了。由此,在笛卡尔的上帝之外,出现了先验自我、社会(涂尔干)、共同体(community)、制度、共同主观性,等等。当然,这些都是对笛卡尔主义的驳斥,但也都从属于笛卡尔的怀疑。

例如,反对笛卡尔并从先于"意识"的某个语言体系(社会性和形式性的体系)出发的人,其实只读了一半的笛卡尔,所以完全没有意识到自己其实不过是在沿袭笛卡尔。这么说是因为,如果不从索绪尔所谓的"倾听的主体"出发,就无法揭示作为形式性差异体系而存在的语言。也就是说,如果我不对意义有所体验,形式就无法变成语言,正确顺序是从这种内省出发,揭示使得这种意义得以可能的社会性(普遍性)的形式体系。

但是,"我"[由此]揭示的"共时性体系"封闭在我的"意识"内部。为什么能够说,它具有社会性(普遍性)呢?也就是,归根结底,这个"我"为什么能够具有普遍性?如果对此说,"我"已经通过语言而被社会化了,那将是很奇怪的回答。这是性质恶劣的回避问题的方式,只不过不像笛卡尔抬出上帝那样明显,所以不容易被发现罢了。有人会说,在"意识"之前,已经存在一个被语言所分节化、差异化的结构。并且,这是存在于任何一个"我"的根基处的自我差异性体系。但是,这难道不是笛卡尔的"上帝"的变体吗?如果笛卡尔是唯我论式的,那么只能说这些论述也是唯我论式的。

四

笛卡尔原本的[讨论]对象是数学——人们认为,无论在何种情况下,数学都对"所有人"适用。但是,笛卡尔和康德不同:康德将数学作为"先验形式"而普遍化,并以此为基础对(笛卡尔的)理论性的上帝存在证明作出反驳;笛卡尔则认为,数学的普遍性也必须由上帝来保证。换句话说,数学也不过是一种"私人语言"。

我们知道,维特根斯坦在否定"私人语言"的问题上倾注了很多力气。但是,如果将它仅仅视为对于笛卡尔主义的批判,那就搞错了。毋宁说,它意味着维特根斯坦意识到了笛卡尔怀疑的重要意义。这是因为,从康德到弗雷格和罗素,数学尽管在公理论的意义上被形式化,但没有人怀疑过它是否可以适用于"所有人"。

我们可以在这一脉络中发现结构主义。例如,对笛卡尔主义作出批判的列维-施特劳斯,提出了"超越意识的结构"。这无非就是(先验)数学式的结构。不同于康德,列维-施特劳斯认为它是进化形成的自然史产物。换言之,在遗传的意义上,"所有人"都被赋予了这种数学式的结构。这是用先验的数学式结构来代替笛卡尔的"上帝",而且,不同于笛卡尔利用"上帝"来保证[这种结构],[列维-施特劳斯]诉诸自然科学的客观性。就此而言,不得不说针对笛卡尔的批判不得要领。

如前所述,在笛卡尔的"上帝"之外,人们提出了共同主观性、社会制度、共通感觉、集体无意识,等等。[但]这些不过是为了将"我"和普遍意义上的人关联起来的种种花样。毫无疑问,它们是"上帝"的替代物,并且和笛卡尔的论证一样,包含着循环论证的难题。然而,甚至意识到这一点的人都很少。

维特根斯坦意识到了这一难题。他以"他人的疼痛"为例进行"私人语言"批判,但事实上这一批判和数学论密不可分。在关于"他人的疼痛"的问题上,或在"他我"问题上,维特根斯坦批判了以推论(构造)方式看问题的"唯我论",但同时也否定了"与他者的共感(共同存在)"这一前提。因为根本上,这些论述都没能看到与"他者"之间的相互关系的维度。

在数学论那里,维特根斯坦的要点也在于此。如果像[论者们]通常认为的那样,将数学的适用性看作"共同体"作出的"承认",那么我们就仅仅用"共同体"取代了笛卡尔的"上帝"。要对笛卡尔作出批判,只有一个办法:即突破"个体—社会""我—普遍意义上的人"的回路本身。之所以维特根斯坦的数学基础论或他的语言游戏论非常费解,就是因为在那里,他探讨的问题是与"他者"的相互关系。正因如此,在维特根斯坦那里,数学——与巴赫金笔下的语言一样——成为复调式的体系。

五

我们不能从封闭性的角度批评唯我论,说它仅仅封闭在自我内部。唯我论的正当性在于,对眼前存在的现实和他者的实在性作出怀疑。这相当于语言学家切断语言或文本与外在现实的结合,主张"不存在文本的外部"。我将此称作文本性唯我论(textual solipsism)。当然,要反驳这种唯我论,搬出外在现实或他者是无效的。弗雷德里克·杰姆逊(Fredric Jameson)以前将这种状况称作"语言的牢笼"。换言之,如今对语言(形式性差异体系)的坚持,看似超越了"意识",实则是坚持于"意识"的唯我论的变体。也就是说,所谓的"唯言论"(丸山圭三郎语),不过是"唯我论"的再版。

但尽管如此,如果像杰姆逊那样,单单让语言的"外部"恢复地位,那不过就是过去唯我论批判的再版。另一方面,文本性唯我论的批判并不迈向"外部",而是从内部破坏形式性的差异体系,从其根底处揭示"差异化的游戏"。如下文所述,这就成了"神秘主义",或神秘主义的当代版本。

唯我论的困境在于,在那里不存在相互关系中的他者。唯我论仅仅将我与普遍性存在意义上的他者关联起来。对唯我论作出批判,不应着眼于其封闭性(牢笼的意象),而应着眼于唯我论将"我"与"普遍意义上的人"关联起来的"敞开方式"。

例如,在弗洛伊德的精神分析中,只存在相互关系。他既不承认"个人心理",也不承认"集体心理"。所谓"无意识",仅仅是在与他者的相互关系中"事后"存在的。这跟苏格拉底所说的"无知"不同,是靠内省(辩证法)无法打破的无知,因为"无意识"仅仅在相互关系中存在。当然,弗洛伊德试图将无意识阐述为内在于个人意识之下的东西。如此,无意识便成了超越于意识的普遍结构。

但是,弗洛伊德的功绩在于,他否定了通过内省获得的"心",否定了私人性的内在过程。而这恰恰是因为,他仅仅将存在于相互关系中的"心"作为探讨的问题。不存在撇开医生与患者的相互关系或亲子间相互关系的那种普遍心理。也许可以说,拉康就对弗洛伊德精神分析的后来那种抛弃相互关系、愈发普遍化的做法提出了异议。拉康说"无意识是像语言一样结构起来的",而这只有在"语言如无意识一般存在于相互关系中"的情况下才是成立的。换句话说,我们不能仅从语言学的角度重新审视精神分析,而且在语言的问题上,必须改变索绪尔式的"主观语言学"(巴赫金语)。

例如,对荣格来说,无意识是存在于每个人根底的某种集体性的东西。这是个体—普遍者的图式。当荣格把性的因素从弗洛伊德那里排除之后,他也就排除了列维纳斯所谓的"爱欲关系"意义上的"他者"。另一方面,从批判胡塞尔而非笛卡尔的角度来看待精神分析的论者,则试图抛开这种相互关系,从"我思"以前的意义生成和主体生成的角度对此展开探讨。这是另一种唯我论,最终只会向佛教哲学(唯识)的领域靠近。

佛教哲学提出"空"来代替"上帝"。但是,应该说,试图凭借"空"来脱离唯我论,这本身就是唯我论式的做法。例如,据说西田几多郎通过主客体以前的"纯粹经验"摆脱了唯我论。由于"纯粹经验"不是属于我的东西,它便是属于普遍意义上的人的东西。换句话说,这是用来保证"我"从来就是普遍意义上的人的一种方法。在这里,与"他者"的一对一关系没有成为问题。例如,西田写道:

> 自我在自我根底处,作为自身的根底而看到绝对的他物——通过这样的方式,自我就没入他物之内,也即我将我自己丧失于他物之中;与此同时,你也必须将你自己丧失于这一他物之中。我可以在这一他物那里听到你的呼声,你可以在这一他物那里听到我的呼声。
> (《我与你》)

但是,这里所说的"我与你"的关系,不过是所谓的"上帝(普遍存在)与我"的关系而已。"你"丝毫不带有"他异性"。所以,西田可以反过来把自己视作"普遍存在的自我限定"。当然,对西田来说,"普遍存在"(上帝)是一个哲学性的说法,毋宁说,它应该被称为"空"。因此,我们可以将西田想说的翻译如下:在自我(意识)之前,自我差异化——用西田的语言说,便是自己为自己画像的偏差——就已经存在了。

可我决不认为这样就摆脱了唯我论。毋宁说,这不过是唯我论(试图摆脱唯我论的唯我论)的一个典型而已。后结构主义者也说过类似的话。所以,日本的许多后结构主义者,会跟东洋哲学或神学融合起来。

但是,东洋哲学说到底也是"哲学"。它成立的前提也是将相互关系意义上的他者予以排除。无论在哪里,从内省——也即自我对话=辩证法——出发的思考,无论其结论是观念还是空无,都不外乎是唯我论(独白)。无须多言,东洋的佛陀也好,孔子也好,都通过反讽地否定这种唯我论,或通过反讽地拒斥主客体未分的纯粹经验等神秘主义,试图将人带向与"他者"的面对面。简单来说,他们说的是"爱他者"。根本而言,热爱真理,意味着热爱使之成为可能的共同体。然而,"他者"是不属于这种共同体、不共有语言游戏的人。与这种他者的相互关系,才是[佛陀和孔子等人的]关切所在。

并且,与苏格拉底和耶稣一样,他们并不写作。不写作,不是因为他们把声音交流的直接性放在第一位。写作让我们面向与普遍性的他者的关系,面向追问"事情的根源"的辩证法。但由于他们拒斥这种辩证法=哲学体系,他们便从始至终固守于与他者的一对一关系的对话。

当然,佛陀也好,孔子也好,他们所说的话不久后便被"共同体"收编了,然后被在他们之前就有的"神秘主义"所吸收。神秘主义指的是我与他者、我与上帝的合一。它排除"他者"。换句话说,它排除了"他异性"意义上的与他者的关系、"他异性"意义上的与上帝的关系。无论这里有着何种原初性的知识,这个只有我和普遍意义上的人存在的世界,或唯我论式的世界,都排除了与他者的相互关系,并将真理(实在)转化为强制性的共同体权力。西田几多郎和海德格尔为法西斯主义效力,不是一次偶然(事故)。

六

在此，我们应该区分两种对话。一种是普遍关系中与他者的对话。这种对话被称为辩证法。它通过内在对话（内省）而朝着事情的根源和本质前进。在这里有哲学或形而上学。另一种对话是相互关系中与"他者"的对话，我将此称为反讽。

毫无疑问，这是以苏格拉底的辩证法为基础的。苏格拉底绝不是柏拉图笔下的那种形象。苏格拉底是"述而不作"的人。他始终坚持与相互关系中的他者进行对话。不像柏拉图，苏格拉底绝没有通向超越[实际]对话的"实在"（理念）。正因如此，苏格拉底被作为危害"共同体"规矩的人处死了。

黑格尔关于苏格拉底这样写道：

> 他提出日常的观念来同别人讨论，装出好像自己什么也不知道，引起别人说话，——他自己是不知道的；然后做出率真的样子，向人提出问题，让别人自己说出来，让别人指教他。这就是著名的苏格拉底讽刺。他的这种方法是主观形式的辩证法，是社交时的举止方式；辩证法是事物的本质，而讽刺是人对人的特殊举止方式。他用这个方法所要起的作用，是让别人暴露自己，并说出他们的原则。而他则从每个一定的命题或引申出来的命题中引申出与此命题所表达的完全相反的东西；那就是说，他并不直接反对那个命题或定义，而是把它接受下来，向人们自己指出他们的命题怎样包含着恰恰相

反的东西。有时他也从一件具体的事例出发，推演出它的反面来。他让人们从他们所肯定的真理中去寻求结论，而终于认识到这些结论怎样与他们所同样坚持的其他原则相矛盾。这样，苏格拉底便使同他谈论的人们认识到他们一无所知。①

按照黑格尔的看法，苏格拉底的反讽不过是辩证法的"主观形式"。但是，如果辩证法像它在柏拉图那里已然所是的那样，可以通往"事情的根源"和"哲学体系"，那么反讽非但不是哲学的萌芽阶段，甚至必须说，它是与哲学相对立的语言形态。黑格尔在这里暗中批判了浪漫派的反讽（施勒格尔［Friedrich Schlegel］），但基尔克果在批判黑格尔时引入的同样是反讽。我所谓的反讽，也是在这个意义上而言的。

反讽也就是"作为对话的语言"（巴赫金语）。黑格尔指出，苏格拉底的反讽是"社交时的举止方式"，是"人对人的特殊举止方式"。尽管这一论述是黑格尔的指责，但它表明苏格拉底的语言始终处在与"他者"的相互关系的层面。这种语言绝对无法转化为内在的对话（辩证法）。

如黑格尔所说，将某个命题暂且接受下来，并通过从中推导出相反的命题而将它逼入"悬而未决"的境地，以此让这个命题自我毁坏——这种反讽如今被称为解构。或不如说，解构不过是回避了反讽这个说法，从而炫耀了一把自己的新颖性而已。

---

① 译文根据黑格尔：《哲学史讲演录》（第二卷），贺麟、王太庆译，北京：商务印书馆，1960年，第53—54页；略有改动。——译注

形而上学——也即柏拉图式的辩证法——所带来的体系性知识,不单单是苏格拉底的反讽所产生的东西,它同时也是通过把这一反讽遮蔽起来而得到确立的。反讽正是对辩证法所排除的"他异性"的恢复。

后　记

本书收录自1985年《群像》杂志新年号开始进行的评论连载,收录了最初一年半左右的分量。决定出版尚在连载中的文章,是因为这一连载明显要拖得很长了。开始连载《探究》的时候,我只有一个模模糊糊的认识。总之想关于维特根斯坦写点儿什么,如此而已。所以就定了"探究"这么一个模模糊糊的标题。拜此标题所赐,变成写什么都可以了,而实际上也是如此。

硬要总结起来说的话,本书是关于"他者"或"外部"问题的探究。这些简单的语词,意味着对于包括自身在内的迄今为止所有思考的"态度变更"。但是,写着写着,我心中就发生了一种不仅仅是理论性的,而是更为根本的"态度变更"。也就是,我意识到或许会将这一工作无期限地持续下去。这对我自己来说是难以置信的变化。迄今为止,我都是抱着"在此作个了结"的紧张和焦躁而工作的,但这次,这种情绪消失了。《探究》既可以一直延续下去,也可以随时结束。这也许是同一件事的"反复"。然而,对我来说,每一次的"反复"都是新的经验。我第一次切身感到:书写就是生活。

编辑成书的时候,我对第一章进行了全面的重写。这是为了避免和《内省与溯行》中收录的"为转变而作的八章"重复,此外也想把它做得像个绪论。此外，从《群像》连载中，这次省略了三个月的内容(与马克思的价值形态论相关的考察部分等)。这也是因为与《马克思，其可能性的中心》"文库版后记"中的内容重复了。除此之外的内容上的重复则一仍其旧。本书不是由结论开始建立的体系性产物，而是带有一边写、一边多层次成形的性质。

连载期间受到了《群像》的年轻编辑三木卓的关照，今后应该也是。与迄今为止出版的著作一样，编辑成书的时候受到了渡边胜夫的关照。多亏两位的帮助，这一工作才能顺利进行。

柄谷行人

1986 年 11 月 10 日

"学术文库版"后记

自我开始写作《探究》以来,已经过去七年有余了。在东洋,自古有世界七年一变的说法。回顾我所经历的战后历史局势,能感到确实如此。在这个意义上,要将某个文本从它原本所属的语境中切割开来,七年是必需的最小长度。从此以后,可以说文本就只能凭一己之力存在下去了。不过,我不知道这种力量是什么,也不可能对此进行预测。

七年前,《探究》是我内心的一次政变。这件事对其他人来说具有何种意义自不待言,对我自己来说,也是在不知道它意味着什么的情况下发生的。我关于"惊险的一跃"写了文章,而本书自身就是一次"惊险的一跃"。在如今的我看来,这本书的意义显得不一样了。但我认为,不该在写作中讨论这个变化。这是因为,如今本书重新被放到了(应该)对上述原委一无所知的读者面前。而我并不期待我的"本意"能否传达到他们那里——因为不存在"本意"这种东西。

柄谷行人
1992年1月23日
于康奈尔大学

人名索引

(索引页码为原著页码)

Althusser, Louis 阿尔都塞 68

Aristotle 亚里士多德 112

Austin, J. L. 奥斯汀 99—104

Bakhtin, Mikhail 巴赫金 25—30,48—49,72,73,95—98,159,166—167,201—212 各处,245,247,252

Baudrillard, Jean 鲍德里亚 138

Barthes, Roland 巴特 33

Bateson, Gregory 贝特森 90—94

Binswanger, Ludwig 宾斯万格 51

Blankenburg, Wolfgang 布兰肯伯格 89

Bloor, David 布罗尔 72

Cantor, Georg 康托尔 199,200,215

Chomsky, Noam 乔姆斯基 8,104,154

Derrida, Jacques 德里达 31—35,51,155,160,167

Descartes, René 笛卡尔 8—10,12—17,38,186,237,240—244,247

Dostoevsky, Fyodor 陀思妥耶夫斯基 97—98,195,202—217

各处, 223—227

Dreyfus, Hubert 德雷福斯 79

Durkheim, Émile 涂尔干 29, 73, 241

Einstein, Albert 爱因斯坦 195

Engels, Friedrich 恩格斯 123, 240

Frege, Gottlob 弗雷格 75, 180, 200, 217, 243

Gauss, Carl Friedrich 高斯 216

Girard, René 基拉尔 135

Gödel, Kurt 哥德尔 155, 160, 176, 200, 217

Hegel, G. W. F. 黑格尔 29, 47—48, 50, 63, 67—68, 103, 107—108, 112—113, 142, 184—186, 188, 206—207, 230, 234, 241, 251—252

Heidegger, Martin 海德格尔 17, 103, 198, 230—231, 250

Husserl, Edmund 胡塞尔 14, 16—17, 21—22, 27, 31—33, 38—40, 88, 90, 94, 104, 155, 247

Jakobson, Roman 雅各布森 21—23, 157—158

Jameson, Fredric 杰姆逊 245

Janik, Allan 雅尼克 180

János, Bolyai 亚诺什 215

Jung, Carl Gustav 荣格 63, 247

Kant, Immanuel 康德 14—16, 37, 47, 73, 99—103, 181—184, 186—187, 217, 241, 242—243

Kierkegaard, Søren 基尔克果 36—37, 68, 109—110, 181—199 各处, 205, 207, 227, 252

Kripke, Saul 克里普克 9, 33, 36, 50, 53—56, 70—71, 74—75,

164,221

Kristeva, Julia 克里斯蒂娃 31

Lacan, Jacques 拉康 63,247

Levi-Strauss, Claude 列维-施特劳斯 18,120,121,243

Levinas, Emmanuel 列维纳斯 229—232,247

Lobachevsky, Nicholas 罗巴切夫斯基 195,215

Lorenz, Konrad Zacharias 洛伦兹 80

Mallarmé, Étienne 马拉美 98

Marx, Karl 马克思 8,13,18—21,24,25,27,29,32,36,48,50,60—63,85—86,91,105—149 各处,179—180,206—207,255

Nietzsche, Friedrich 尼采 27,37,67—68,207

Piaget, Jean 皮亚杰 8,154—156

Plato 柏拉图 11—12,67,71,75,95,98,176,206,223,234—235,239—241,250—253

Propper, Karl 波普尔 234

Proudhon, Pierre-Joseph 蒲鲁东 118

Rescher, Nicholas 雷谢尔 233—240

Rorty, Richard 罗蒂 47

Russell, Bertrand 罗素 155—156,160,175,180,200,217,243

Sartre, Jean-Paul 萨特 50—51,198,204,208,230

Schlegel, Friedrich 施勒格尔 252

Searle, John 塞尔 104

Smith, Adam 斯密 122

Spinoza, Baruch de 斯宾诺莎 15

Toulmin, Stephen 图尔敏 180

Turing, Alan 图灵 79

Weber, Max 韦伯 126,138

Wittgenstein, Ludwig 维特根斯坦 6—9,13,32—45 各处,49,52,54,56,59,64—88 各处,100—101,104,118,121,149,153—156,160,163—194 各处,198—201,207,213,217—225,243—245,254

大森庄藏　159 注释

坂本百大　101

立川健二　156 注释

丸山圭三郎　85 注释,245

西田几多郎　247—248,250

野家启一　159 注释

从"外部"出发——论柄谷行人《探究(一)》

(代译后记)

一

柄谷行人在杂志《群像》上连载"探究"系列文章,始于1985年1月1日。在将这些文章集结成书并于1986年出版《探究(一)》之时,柄谷在该书的"后记"中将这一工作称为自己内心发生的一次"不仅仅是理论性的,而是更为根本的'态度变更'"。① 而在1992年为该书的"讲谈社学术文库版"撰写的"后记"中,柄谷更是强调,"探究"标志着自己"内心的一次政变"。② 值得注意的是,在后一个"后记"里,柄谷指出,既然距离当初连载已经过去七年有余,对于新一代的读者来说,如今这一文本的意义或许早已不同于当初它对于自己的意义——而对于这一变化,柄谷明确认为"不该在写作中讨论",同时也明确拒

---

① 柄谷行人:『探究Ⅰ』,講談社学術文庫,1992年,第254页。
② 同上,第256页。

绝所谓作者的"本意"①——但尽管如此,或正因如此,柄谷在两个"后记"中反复强调《探究》的"态度变更"的重要意义,无疑可以看作一个阅读的提示:我们需要考察的是,在什么意义上《探究》标志着柄谷在工作方式上的变化,而这一变化又如何影响了他以后的写作?而考虑到某种意义上可以视作柄谷的理论到达点的《跨越性批判:康德与马克思》(2001)实际上脱胎自1993年至1996年连载于《群像》杂志的"探究(三)",柄谷所谓的"内心政变"便更不容忽视。

本文将围绕《探究(一)》中提出的"唯我论"批判来尝试阐明这一问题。简言之,在我看来,柄谷在"探究"中进行的"态度变更",乃是将原本需要通过彻底地深入"内部"(无论它是系统的内部还是意识的内部)并进行内在破坏才能抵达的"外部"(无论它是自然、实存还是历史),倒转为一个总是已经在实践中存在,却无法从理论上予以说明的"他者"。原先是考察"终点"的东西,经过某种变形而成为"起点"——尽管我们会看到,它同样是一个不可思议的"起点"。

没错,如柄谷自己在"后记"中明确交代的那样,"外部"在《探究》中始终是一个关键词。(无须重复的是,"他者"是柄谷标记出的另一个关键词。"他者"与"外部"的组合方式,在《探究(一)》和《探究(二)》中分别与不同的问题系形成组合,并拓展出许多令人眼花缭乱的类比和关联。在另一篇文章中,我将围绕"他者"和"专名"的问题来对柄谷的"思想转折"问题重新予以说明。)因此,为了戏剧化地显明《探究》的"态度变更",不妨让我们

---

① 柄谷行人:『探究 I』,講談社学術文庫,1992年,第256—257页。

看一下"外部"问题在"早期柄谷行人"的一篇文章中是如何得到说明的。这篇文章即发表于 1971 年 5 月的《迈向内面的道路和迈向外界的道路》,收录于柄谷出版的第一本评论集《恐惧之人》(1987)。

这篇短文有一个颇为"现实"的问题意识,即对于所谓"现实感"的缺乏——尽管柄谷以引述文学批评家入江隆则对于"小说世界"中"现实感"缺席的不满来开头,但他马上把矛头指向了批评家自身,进而把这个问题带到自己身上:

> 说实话,我自己的现实感也几乎很稀薄。当然,这并不是说我对"现实"闭眼无视,或对"现实"不感兴趣。而是说,对"现实"太过关心,因而在自己内心没有留下任何痕迹。用森有正流的话说,我"体验"了所有事情,却什么都没有"经验"。仅仅是无数的情报和解释从我内部经过,回顾起来感觉就像梦一样。①

简言之,与"经验"包含的完整性不同,引起人们震惊的"体验"无法凝结成融贯的经验表象,而仅仅停留于短暂的、零碎的、刺激性的印象,使人的意识无法回收这些杂乱的、瞬时的、不连续的感官刺激。众所周知,在其对于法国诗人波德莱尔的著名研究中,德国思想家本雅明(Walter Benjamin)曾如此解释意识如何应对当代社会中的各种"体验"以保证自身的正常运作:"震惊的因素在特殊印象中所占成分越大,意识也就越坚定不移地成为防备

---

① 柄谷行人:『畏怖する人間』,講談社文芸文庫,1990 年,第 322 页。

刺激的挡板；它的这种变化越充分，那些印象进入经验（Erfahrung）的机会就越少，并倾向于滞留在人生体验（Erlebnis）的某一时刻的范围里。这种防范震惊的功能在于它能指出某个事变在意识中的确切时间，代价则是丧失意识的完整性；这或许便是它的成就。"①然而，一旦震惊式的刺激印象"过载"，超出了意识防备机制的承受能力，就会导致意识的瘫痪——这种意象不仅出现在波德莱尔的诗歌中，也经常可以在赌徒、工厂工人甚至是电影观众那里见到。

不过，如果本雅明首先是在当代技术发展的意义上解释传统社会中的"经验"的衰败和瞬间性"体验"的主导地位，那么在柄谷的论述中，"体验"的泛滥则主要来自对于现实生活中一系列政治和社会事件的反应。在上面这段引文后，柄谷写道：

> 表面上看来是与"现实"有着轰轰烈烈的"接触"，实则沉入厚重的浓雾之中。无论是何种深刻切身的体验，一旦被这个浓雾包围，就立刻变得遥不可及。例如，发生了"全共斗"运动，发生了三岛由纪夫事件，发生了各种事件。但是，我却无法承认说，处于这些事件的漩涡之中的自己，与现在的自己之间存在着切实的自我同一性。越是偏要承认这一点，语言就越是变得虚伪。"现实"是有的，却没有现实感。那么，是不是应该说，

---

① 本雅明：《论波德莱尔的几个母题》，参见《启迪：本雅明文选》，汉娜·阿伦特编，张旭东、王斑译，北京：三联书店，2008年，第175页。

"现实"反倒是可疑的?①

显而易见,柄谷在此提到的两个具体"事件",分别代表了日本战后左翼思想和某种意义上的右翼思想的"结晶"(无论它们的性质是悲剧还是闹剧)。同样毫无疑问的是,对于曾在东京大学的驹场学生宿舍中试图在全国范围内"重建'社会主义学生同盟'"的柄谷而言,充斥着内斗、混乱甚至沦为暴力恐怖组织的左翼学生团体,已经无力回应(枉论指导)日本现实社会的矛盾和困境。面对眼前纷乱无序的各种情报、各种刺激性的事件,当时的柄谷认为,批评家唯一能做的或许就是彻底地回到"内在"或"自我意识"并直面那里存在的根本难题:

> 小林秀雄在论述陀思妥耶夫斯基的时候指出,现代人恰恰是在自我意识中追问"如何生活"。但只要是在自我意识中追问,就不可能找到绝对的解答。同样也可以说,现代哲学家们恰恰是在主观性中追问认识的可能性。离开了主观性的基础,人生规范也好,认知对象也好,就都消失了,这是现代哲学挥之不去的最大难题。换言之,这个难题就是:一切都必须在主观性(自我意识)那里得到奠基,于是外界或他我也就无法得到揭示。②

---

① 柄谷行人:『畏怖する人間』,第 323 页。
② 同上,第 324 页。

我们下文会看到,这个难题重新出现在《探究(一)》之中,并成为柄谷所谓的"哲学唯我论"的根本前提。不过,在1971年的文章中,柄谷却没有进一步将问题引向"唯我论"的错误,而是朝着相反的方向前行,即认为面对以自我意识为基础来寻求"规范"或"认知对象"的困境本身,一方面使得整个追问的结构始终被限制在自我意识或主观内面之中,但另一方面也提示了一种不同的"外在性",即最终超越于"主观—认知对象"或"主体—客体"之二分法的外部。简言之,在当时的柄谷看来,超越内部的方法恰恰是更彻底地深入内部,或者沿用之前引文中的说法,也就是:面对被浓雾包围的、遥不可及的种种"体验",应该做的不是占据一个更高的位置来对纷乱的"体验"进行重新整理和确立秩序,将"体验"重新凝结为"经验"(因为不存在这样一个位置①),而毋宁说是揭示各种以自我意识和主观性为基础的理论学说在"自我同一性"支离破碎的状况下如何走向自我瓦解——通往"外部"的道路必须经过"内部"的自我极端化。所以,柄谷写道:

---

① 参见柄谷行人在文章开头对于入江隆则的总结式论断的尖锐批评(『畏怖する人間』,第322页)。不存在一个超越性的位置,论者本身始终处于自身所讨论的困境之中——这可以说是柄谷思考中贯穿始终的一个自我定位。也正是在这个意义上,如何看待柄谷在2000年后的许多著作中提出的"交换样式"的理论图式——它是否属于这样一种"超越性"的位置——就不仅仅是一个修辞问题。这个问题在此无法展开,但需要提醒的是,它不能被还原为类似于"认为不存在宏大叙事,是否本身就是一种宏大叙事"等语词游戏或逻辑悖论,因为问题恰恰在于明确"交换样式"的理论图式如何**内在地**包含了这一理论所处时代的矛盾和困境。

> 在我看来,"迈向内面的道路"正是"迈向外界的道路"。如果可以这么说的话,笛卡尔以来的"方法性怀疑"是"迈向内面的道路",因此同时也是"迈向外界的道路"。他们根据朴素的唯物主义(=观念论)的那种毫不相干的知识严格性,探索了"迈向外界的道路"。无须重复的是,他们在实际生活中当然是非常现实主义的,他们的"内在性"绝不意味着"自我封闭"。①

柄谷对于笛卡尔(不同于笛卡尔主义)的评价向来很高。例如,柄谷在《探究(一)》中通过区分"进行怀疑的主体"和"思考主体",强调了笛卡尔式的怀疑对于哲学唯我论的根本质疑。类似地,柄谷在上面这段引文中突出的恰恰是这种怀疑与"自我封闭"的哲学体系的对峙——但是,这里有一个微妙但重要的措辞需要注意:尽管柄谷指出"迈向内面的道路"**同时也是**"迈向外界的道路",但在"方法性怀疑"的方法论的意义上,笛卡尔(及其后的哲学)仍然需要**穿过**"内在性",**穿过**以主观性或自我意识为基础而建构出来的"内部"与"外部"、"认知主体"与"认知对象"等"浓雾"。在同样写于1971年的一篇讨论夏目漱石的短文中,柄谷写道:"漱石小说的结构大致都是主人公被不可名状的不安袭扰,逃到自我封闭的烦闷中去,从而产生裂痕。"②毫无疑问,柄谷当时认

---

① 柄谷行人:『畏怖する人間』,第325页。
② 柄谷行人:『内側から見た生——漱石試論(II)』,『畏怖する人間』所收,第98页。

为,从这种裂痕出发而得到的"外部",并不是生存的根本依据或基础,更不是保持意识和经验之完整性的"自我同一性",而恰恰是"自然"——一种令人感到恐惧和不安的、揭示生存之无根基性的"自然":

> 现代的原理在于人将一切都进行主体性创造的意志。但是,漱石是在巨大的丧失感中理解这一点的。问题不单单是艺术论。也可以说是我们的存在问题。这是因为,如果追问自我存在的根据,那么什么都没有,恐怕恰恰是**不存在的东西**保障了他的存在——自我存在的根据问题,涉及的便是这种悖论。在漱石那里,"自然"在这种虚无面前显露出来。所以,"自然"就是**不存在的东西**。①

根据这种带有强烈存在主义色彩的论述,我们奇妙地回到了问题的出发点:如果没有什么可以保证自我意识的完整性或主体的自我同一性,如果对于"存在之根据"问题的追寻本身只能揭示出这种根据的缺席,那么,无法将"体验"凝结为"经验",无法在眼花缭乱的各个事件中整理出连贯的线索或秩序,这种意识的"瘫痪"状态或缺乏"现实感"的状态本身,或许恰恰(以最低限度的、无法得到积极表述的方式)向我们提示了"外部"。对此,柄谷在《迈向内面的道路和迈向外界的道路》一文最后

---

① 柄谷行人:『心理を超えたものの影——小林秀雄と吉本隆明』(1972),『畏怖する人間』所收,第104页;强调为原文所有。

写道:

> 危机不是我们对"现实"背过身去。毋宁说,危机在于,我们一边接触过剩的"现实",一边被其根底处足以致命的"非现实感"所吞噬。但是,我们不能仅仅等着外界如恩宠一般从彼岸向我们袭来。我们应该做的是用自身的"方法性怀疑"开辟出恢复现实的道路。①

当然,这里所谓的"现实",也就是"外部"或"自然",也就是(在积极的理论表述中,或在现象学还原的意义上)"不存在的东西"。重复一遍:通过将建立在自我意识上的各种论述接受为"问题"而非"解决",并始终在对自我意识的追问中保持最初的紧张感或焦虑感,柄谷试图从不同角度、不同讨论对象那里揭示那个只有借助"内部"的自我瓦解才能呈现的"外部"。在当时的柄谷看来,在这种"纯化了的内在世界"中,"现实"非但没有"在本质上被舍弃",而且那里"必定存在着'现实'以上的浓厚现实(reality)"。②

不过,另一方面,柄谷的这种思考姿态也许共享了当时的时代氛围,而后者又可以用一个著名的说法加以概括,即"实存与结构"。换言之,柄谷当时所"体验"到的自我分裂和无序,很大程度上对应于——甚至来源于——20世纪60年代以降社会运动在政

---

① 柄谷行人:『畏怖する人間』,第329页。
② 参见柄谷行人为《恐惧之人》第一版所写的"后记",同上,第371页。

治改革、群众动员等各个层面遭遇的屡次挫败和许多人(尤其是年轻人)开始感到的思想迷惘(关于这个问题,我会在另一篇文章中通过解读柄谷的著名文章《意义这种病——麦克白论》[1972]加以阐述)。"实存与结构"或者说"存在主义 VS.结构主义"这种漫画式的二元对立,形象地勾勒了人们在混乱的社会事件中、在对现实政治的献身(commitment)中始终无法找到安身之所,无法安顿意义的困境。柄谷在 1972 年为《恐惧之人》一书撰写的"致读者"中,对此问题作出了如下说明:

> 20 世纪 60 年代中叶开始写作的时候,我感到了一种奇妙的扭曲。一方面,我强烈地感到,与时代状况毫无关系的"自我"问题实实在在存在着,它是伦理之前的东西。这是因为,若要具有伦理性,他者就必须存在,而**在现实意义上却感受不到这一他者**。……另一方面,我当时承认,无论我的思考如何,世界都实际存在着,并且这种实在穿透"我"而在结构的意义上运作。①

从 20 世纪 60 年代的"安保斗争"到 70 年代的"联合赤军事件",不同派别、不同社会阶层所发动和参与的各种左翼社会运动,为包括柄谷在内的一整代人留下了不可磨灭的思想影响,尽管它们在往后历史中的表现方式各不相同。他们一方面感受到存在主义哲学所描画的个体的那种偶然的、"被抛"的存在方式,感受到"存在先于本质"所对应的冷峻现实,另一方面也因此感到

---

① 柄谷行人:『畏怖する人間』,第 374 页;强调为引者所加。

这个坚硬的现实始终以不可抗拒的方式运行着,而自己的意志、行动、情感,无论它们多么强烈、鲜明、纠结,都仅仅是现实这个巨大"结构"所产生的一些微不足道的效果。这种个体与现实社会的紧张关系,使得"存在主义"和"结构主义"都有相应的阐释力,又都不足以对现状作出充分解释。在这个意义上,与其说这两种学说成为柄谷当时的思想资源,不如说如何从两者的调和或不可调和出发、如何从"裂隙"出发进行思考,成为包括柄谷在内的同时代知识分子都需要面对的时代问题。

但值得注意的是,正如上述引文所示,当时柄谷这种在"存在主义"和"结构主义"的"裂隙"中进行的思考,是离开"他者"而进行的。或者毋宁说,恰恰是"他者"的缺席——或对于他者的"现实感"的缺席——使得柄谷必须将"实存"与"结构"的对峙、将关于自我意识的种种论述和自我意识的分裂和瘫痪的矛盾,收束到"自然"这一无法得到积极表述的"外部"那里。也就是说,当把自我和"与他者的关系"剥离开来之后,对于自我的存在根据、意义、价值等问题的思考,便始终只能在"前伦理"的层面、"非社会性"的层面进行,即必须从本体论的意义上回答:为什么"我"如此存在,这种实存的偶然性意味着什么?而另一方面,为这种根源性的思考提供参照的,恰恰是庞大的"结构"和针对它的斗争所产生的各种支离破碎的纷乱体验。(顺便一提,这一问题的基本框架十分类似于20世纪90年代至21世纪10年代初的许多动画作品中出现的所谓"世界系"文类。)

在这个意义上,刺破"内部""体系""意识"而抵达一种无法被任何"结构"回收的"外部=自然",呈现出的是一种决绝的抵抗姿态;在"他者"缺席的情形下,或许这种姿态正是伦理性的。但由此带来的一个困境是:一方面,柄谷断然拒绝任何超验性的存在来保障自我同一性、扮演存在之根据的角色(无论这种超越性的名字是"上帝""物自体"还是其他),但另一方面,"外部＝自然"作为"无根基的根基"又恰恰在否定神学的意义上充当了这样一种超验性。应该如何处理这一悖论?

二

围绕这个问题,让我们转向柄谷在《探究(一)》中进行的考察——简单来说,通过重新引入"他者"这一维度,柄谷得以在保留原本许多分析的同时,对于"外部"问题(以及"内面""主观性"和"自我意识"等问题)作出重新阐述。

如今,在柄谷看来,无论是索绪尔式的结构主义语言学还是萨特式的存在主义,甚至包括胡塞尔的现象学,都没有摆脱哲学上的"唯我论",或者说整个哲学(无论是西方哲学还是东方哲学)都是以"唯我论"为前提而确立起来的:

> 我称作"**唯我论**"的,绝不是那种认为只存在"我"一个人的思考方式。认为适用于我的论述能适用于所有人,这种思考方式才是唯我论。①

> 如果唯我论指的是这样一种立场———一切都在我

---

① 柄谷行人:『探究Ⅰ』,第12页。以下引自此书的引文,皆随文标注页码,不另作注。

的意识之中,一切都是"对我而言的世界"——那么与之相对,即使主张"对世界而言的我",即主张我的意识是我所从属的关系体系的"结果",也还是会重新陷入唯我论,因为这种关系体系归根结底是通过我的意识而得到揭示的。(第159页)

因此,无论是"物自体"(康德语)"社会制度"(涂尔干语),还是"他我"(胡塞尔语)或"共同存在"(海德格尔语),都属于"试图摆脱唯我论的唯我论",因为在这些看似截然不同的思考背后,"我"都已经被提前改写为"我们",或者说,"我"作为一般意义上的、普遍存在的人,早已被设定为一个不言自明的前提。这是哲学本身的可能性条件,同时也是任何"体系"的构成要件:

哲学始终都是这样一种思考装置:它从"我"(内省)出发,并暗中将这个"我"视为"我们"(普遍意义上的人)。(第241页)

如前所述,在哲学=唯我论那里,与"我"截然不同的、他异性的"他者"被事先排除在外,然后再作为与"我"同质的另一个"自我意识"被发明出来。在柄谷看来,无论"我"与如此发明建构的"他者"处于多么激烈的对抗关系之中——其典型便是黑格尔的"主奴辩证法"和萨特所谓的"他人即地狱"——这里的"他者"也不是真正的"他者",而仅仅是"我"的自我意识和内在对话的外化。于是,"为了批判唯我论,只能引入他者,或者说,只能引入与他者(属于异质性语言游戏的他者)之间的交我们马上会聚焦"他者"的问题。在此之前,还需提到的一点是,针对前文所说的"外部"在否定神学的意义上被重新"超验化"的危险,柄谷如今鲜明地指出,任何试图穿过"内部"而通达"外部=自然"的企图都是徒劳的。我认为,柄谷下面这段针对"文本主义者"的批评,某种程度上也适用于当年柄谷自己的论述策略:

> 文本性唯我论的批判并不迈向"外部",而是从内部破坏形式性的差异体系,从其根底处揭示"差异化的游戏"。如下文所述,这就成了"神秘主义",或神秘主义的当代版本。(第246页)

在另一个地方,柄谷以相同的方式对德里达(Jacques Derrida)提出批评:"德里达提出'差异的先验性'的时候,可以说差异就被超验化了。"(第32页)柄谷在此针对德里达的批评是否准确,并不是我们关心的问题;毋宁说,重要的是,我们可以将这里所谓的"差异的先验性"改写为"'外部=自然'的先验性",从而看到柄谷在这里的根本性"态度变更"。换言之,我们需要回答的问题是:为什么如今提出一种完全不同于"我"的绝对他异的"他者",就能避免重新落入否定神学意义上的超验性?"他者"难道不是同样被"超验化"了吗?

为了回答这一问题,我们就必须着重考察一下柄谷是如何处理"他者"问题的。有意思的是,十分擅长类比思维的柄谷,将"他者"问题翻译为"教—学"关系和"卖—买"关系,认为这两种貌似稀松平常的行为中,实际上包含了"他者"之他异性的秘密。①

首先,就"教—学"关系而言,柄谷明确指出,这种关系不能被等同为权力关系,这是因为:

> 事实上,我们要想下命令,那么这件事就必须被"教"。对于孩童,我们与其说是支配者,不如说是其奴隶。换言之,和通常认为的相反,"教"的立场绝不占据优势地位。毋宁说,这一立场反而需要"学"一方的合意,反而不得不从属于"学"一方的任意性;应该说,"教"的立场处于弱势。(第8—9页)

借助对维特根斯坦的讨论,柄谷主要以教授规则(教游泳、教外语等)为例,揭示出"教"与"学"的非对称关系中包含的一个悖论:我们都"知道"规则,却无法在积极的意义上为规则提供必然基础。例如,在教授外国人汉语的时候,尽管我们可以在有限的范围内根据语法书来对某些语法点作出解释,但这些解释往往捉襟见肘;只要学生进一步追问一两个"为什么",原本的"解释"又

---

① 与这两种关系相对,"唯我论"的代表性立场则被柄谷称作"言说—倾听"的立场,即自己倾听自己之言说的立场,一种自我封闭形成"内部"的立场。对此,柄谷写道:"不只是笛卡尔主义,包括更一般意义上的哲学本身,也可以说是始于'内省'(独白)。换言之,这是站在'言说—倾听'的立场上,封闭在'内部'。我们必须改变这种态度。我们必须试着站到'教'的立场或'售卖'的立场上去。我的考察将始终围绕这个貌似平易的艰难问题展开。"(第10页)

会重新变成"问题"。最终,我们也许只能回答:中国人就是这么说话的。

因此,占据"教"的立场的人,恰恰将交流是否成立的关键留给"学"的一方,他自己对此无能为力。只有当学生承认教学内容的正当性,或者说,只有当学生重新把交流内容翻译为客观性的"知识"的时候,通常意义上的"教—学"的相互关系才能成立。在此,千万不能误解:柄谷在这里讨论的并不是(例如)"明示知识"和"默会知识"的区别之类的问题。毋宁说,这一区分本身就是建立在交流已经成立、仿佛交流从一开始就由各种稳定的规则来确立和安排的那种"事后追溯"的前提基础上的。与之相对,柄谷想要强调的是,当面对不与我们共有同样的规则、编码、认知、生活方式的"他者",一个我们必须与之进行交流却不知如何进行交流的"他者",没有什么可以保证交流的成立:"在私人的意义上'遵从规则'是不可能的,这相当于说,积极明确地表达规则是不可能的。或者,这相当于说,'有意义(遵从规则)'是无根基的、不稳定的"(第75页)。

柄谷指出,同样的问题在马克思关于商品交换的论述中也可以见到。例如,柄谷写道:

> 如马克思所说,商品如果卖不出去(如果不进行交换),它就不是价值,因而甚至连使用价值也不是。于是,商品能否卖出去,就是"惊险的一跃"。商品的价值并不是事先内在的东西,而是作为交换之结果而被给予的东西。说什么事先内在的价值通过交换得到实现——完全没这种事。(第9页)

> 将不同的劳动产品进行等价,不是因为这些物之中包含了某种"共同本质"(同质的劳动)。事实上,这种共同本质不过是在这些物等价**之后**才被假定的。(第62页;强调为原文所有)

可以说,通过"卖—买"的非对称关系来揭露政治经济学那里的"社会必要劳动时间"学说,是柄谷自《马克思,其可能性的中心》以来反复强调的关键点。包括所谓的"劳动量"在内,没有什么可以事先决定交易的成功,同样也不存在有待在交易过程中得到实现的所谓商品的"内在价值"。相反,商品的价值只是通过交换过程而被回溯性确立的,货币在此过程中扮演的角色,便是让人误以为等价交换从一开始就遵循着某种规则或秩序(内在价值或意义)。

同样,在与"他者"的交流过程中,没有什么规则或前提可以事先保证交流的顺利进行,一切秩序和规则都不过是交流成立之后才被回溯性地发明建构的:

> 恰恰只有在"有意义"这件事对于"他者"而言成立的时候,才谈得上"语境","语言游戏"也才成立。"有意义"这件事为何且如何成立,到最后都是不知道的。但在这件事成立之后,我们就能够说明它为何且如何成立——我们可以搬出规则、编码、差异体系等说法。换句话说,无论是哲学、语言学还是经济学,都仅仅是在这种"黑暗中的一跃"(克里普克语)或"惊险的一跃"(马

克思语）之后成立的。规则是事后才被揭示的。(第49—50页）

在这里,柄谷将德里达关于"语境"的论述推进了一步:"语境"不仅如德里达所言,不可能被完全填充,而总是会因为新要素的加入而发生变更,①更重要的是,"语境"总是已经以交流的成立为前提——只有在话语对于对话者而言都"有意义"的情况下,才能谈论一句话在何种"语境"下产生意义。不过,柄谷在这里的论述可能引来一个质疑:一句话可以以多种方式"没有意义":外面明明没有下雨,我却说"下雨了",对方可能无法理解我;我说出一串莫名其妙的发音,对方同样无法理解。柄谷是否混淆了这两种显然不同的"没有意义"？并不是。当柄谷说"语境"只有在"有意义"这件事对于"他者"成立的情况下才成立,事实上同时包含了各种意义上的"没有意义":事实上,我们很容易设想下述"通常情况",即对方为了理解我所说的与事实不符的"下雨了",或为了理解我一连串莫名其妙的发音,会自然而然或殚精竭虑地补充各种"语境性因素",或者单纯地认为我脑子不正常——但无论是何种情况,"交流"(哪怕是以厌恶的神情对我作出反应)总是已经发生了。并且,我们也不难设想,面对我们的同一句话,我们的朋友、亲人、同事以及陌生人的反应会截然不同。在这个意义上,关键问题不是**交流何以可能**(我们会看到,柄谷反复强调的

---

① 参见 Jacques Derrida, "Signature, Context, Event", trans. Samuel Weber and Jeffrey Mehlman, in Derrida, *Limited Inc.*, ed. Gerald Graff (Northwestern University Press, 1988), pp. 1—24。

一点正是:在实践中,交流总是可能的),而是我们无法**事先判断**交流何以可能。但这一不可能性并非来自符号的自我撒播,而是来自"他者"的他异性。

因此,需要特别注意的是,"他者"并不是对于(例如)学生、孩童、买家、(基尔克果笔下的)基督、言说者一方等"具体事例"的概括——"他者"在这里根本不是一个概念。① 就像与"他者"的交流本身那样,柄谷作出的关于"他者"的这些论述同样也是**事后性**的。正如没有人可以知道耶稣就是基督——甚至耶稣本人也不知道——所有关于"他者"的他异性的描述或规定,都是一种事后的辨认。但另一方面,这一过程并不意味着"他者"的他异性在交流成立之后便被转化或还原为各种普遍的谓述(predicates);相反,对于交流的事后性定秩和奠基,仅仅遮蔽了"他者"的他异性。例如,柄谷在讨论马克思的时候指出:"马克思却从[古典经济学那里]追溯到'交换'成为临界问题的那个**场所**。重复一遍,这不是一个时间性或空间性的场所,而是这样一个场所:它始终存在着,却在共同体(系统)之中遭到遮蔽。"(第19页;强调为原文所有)在日常生活中,哪怕对话者是我们的朋友或亲人,事实上我们也无法事先判断他们对我们的发话会作何反应。

然而,在"唯我论"的哲学论述那里,"他者"的他异性从一开

---

① 在这个意义上,柄谷强调指出:"这一'他者'既可以是商品的买家,也可以是外国人或孩童,也可以是动物。关键是设想一个不理解我们的极端他者。"(第38页)不存在可以得到普遍性的概念界定的"他异性",因而也就不存在能够发挥超验性概念作用的"他者"。

始就被抹去了，一切都被还原到自洽而统一的"系统"内部——正如在政治领域中，一旦形成共同体（＝系统＝内部），其中的交流便呈现出遵循一定规则进行的样貌，仿佛这些规则是自然正当的；正如在经济领域中，货币为商品交换赋予了一种通过某种内在价值而实现等价的假象。如果说马克思的《资本论》通过对货币的重新讨论而揭示了始终蕴含在资本主义商品经济内部的危机的可能性，那么，面对各种交流模式和法则，我们所要做的就是去揭示潜藏其中的"惊险的一跃"，即揭示交流成立之前的"他异性"。——有人可能会问：如果是这样的话，那么柄谷在这里的论述方式（或步骤）和20世纪70年代作出的论述有什么区别？似乎无论是以前还是现在，柄谷的步骤都是深入一种貌似稳定的体系（或规则、自我意识、"内部"），通过揭示其中的无根基性和不稳定性而抵达某种"外部"——只不过如今这个"外部"的别称不再是"自然"，而成了"他者"，不是吗？

如前所述，这里的根本区别在于："他者"不再如"自然"那样，是论述所要揭示的"终点"或"目的"，而恰恰是论述的"起点"。例如，关于"教—学"的非对称关系，柄谷如此写道：

> "教—学"这种非对称的关系，正是交流的基础性事态，而绝不是非常态。通常的（规范性的）事例，即具有同一规则的对话，才是例外性的。（第11页）

在这里，通过将"他者"的他异性作为思考的"前提"，或者说，通过将这种他异性作为一条思想线索引入（例如）交流理论或语言体系，我们可以看到"常态"所遮蔽的偶然性和不确定性——

而这种发现本身便意味着:另一种截然不同的交流方式和生活方式,始终是可能的。

三

让我们整理一下迄今为止的论述。前面已经看到,贯穿于前后期柄谷行人思考的一条线索,乃是对于垂直性关系的拒斥:柄谷始终强调,不存在一种超验性的存在或基础,来确保个体的实存或交流的法则。早期柄谷那里的"外部=自然",恰恰意味着"存在的无根基性",意味着基础或超验性存在的缺席。但是,在否定神学的意义上,这种无法积极表达的、只能在"内部=自我意识"的崩溃处呈现自身的"自然",本身有可能反过来扮演(如上帝或理念等)超验性概念的角色。

与之相对,在《探究(一)》这里,"他者"并不仅仅是对"自然"的代替:毋宁说,如今作为思考的"起点","他者"总是已经作为各式各样的他者而现身在场。一方面,柄谷指出"他者"是他异性的、极端的、不与"我"共有同一种语言游戏或交流法则的存在;但另一方面,"他者"从来都是日常生活中与我们打交道的存在:

> 他者对我们而言是"超验性"的。但是,他者并不是超验性的存在(上帝)。因为他者是稀松平常的、无力的人类。与他者的关系并不是"与超验性的存在的关系",也不是"与人的关系"。并且,正是这种与他者的关系才是"现实性的"(实存性的)。(第188页)

这里不存在矛盾:"他者"的他异性和极端性,并不来自"他者"自身的性质;不如说,任何与我们直接面对面的"他者",任何与我们处于"相互关系"中的"他者"——也就是说,任何剥离了既定的规则、编码、身份、社会关系之规定等中介环节的处于"赤裸裸"的相对关系中的"他者"——都是他异性的。对此,柄谷给出了一个非常形象的例子:在恋爱关系中,如果我试图说服或打动对方,如果诉诸由逻辑或"真理"所中介的话语,那么我与对方的交流注定失败。在面对面的"相互关系"中,"我"不仅要面对一个极端的"他者",这个"他者"更会将"我"从既有的规则和秩序体系中解放出来,重新放到一个向交流的可能性、关系的可能性、社会化的可能性敞开的地平线。

在这个意义上,"他者"作为"起点"并不保证交流的顺利进行,更不保证"我"的存在根据、意义或价值,但正因如此,"他者"让"我"可以对现有的秩序、体系、规则产生怀疑:

> 进行怀疑的主体仅仅作为**外部性**而单独地存在着。对于如此这般存在的主体的明证性,找不到任何保证或依据。……即使[上面说到的这件事——即]存在于诸多共同体的外部、作为单独者而进行怀疑——找不到任何根据,也存在着推动自己作出如此怀疑的东西,正是因为有那个东西存在,自己才能进行怀疑。我们可以将这个东西称为他者。(第15页)

从这一釜底抽薪式的位置出发,柄谷对于一众现代哲学家——黑格尔、胡塞尔、海德格尔、萨特、索绪尔、雅各布森,等等——展开了令人眼花缭乱的批判。当然,在这些批判中,有的不乏"大而化之"之嫌,但重要的不是柄谷的批判是否中肯,而是注意到:通过恢复在这些所谓的"唯我论"哲学中从一开始就被排除的"他者"以及在其中从一开始就被铲平的"自我",柄谷所做的工作并非阐明交流如何形成(这种"惊险的一跃"或"黑暗中的一跃"是无法阐明的),更不是强调交流的不可能性,而是提请注意"一个理应令我们感到震惊的事实性":

> 当然,我并不是想说,与他者(语言游戏不同的人)之间的交流是不可能的。相反,我想说的仅仅是:交流虽然在合理性的意义上是不可能的,也无法为交流奠定基础,但现实中交流却在进行——我们应该对这一**事实性**感到惊讶。(第189页;强调为原文所有)

> 基尔克果认为,在与他者之关系=交流的根基处,合理性的奠基是不可能的。在考察维特根斯坦的"语言游戏"论的时候,这种"深渊与飞跃"不容忽略。他并不是从"哲学话语"回归到"日常话语"。他所回归的恰恰是下述**事实性**——一个理应令我们感到震惊的事实性:即尽管哲学上(合理性上)是不可能的,但在日常(实际)上却是可能的。(第193页)

说到底,柄谷通过"他者"试图挑明的是一个向各种社会关系的可能性开放的、"寻求孤立、不惧连带"(小林敏明语)①的个人形象。这一"个人"试图从所有既定的关系、身份、法则和秩序中挣脱出来,但同时也意识到自己无时无刻不处在社会关系和体系之中——如法国哲人卢梭(Jean-Jacques Rousseau)在《社会契约论》的开头所言的那样。但是,如今柄谷向我们表明,突破这些系统和关系的制约而追求自由的道路,不必在"外部=自然"那里寻找,不必在"无根基的根基"那种本体论的饶舌那里寻找;恰恰相反,每一种关系、每一种秩序的根本的不稳定性和偶然性,意味着"个人"在与"他者"的多层次的水平关系中,在这些关系"之间",始终能够找到新的关联方式、新的腾挪空间、新的自由。

王 钦

2023 年 5 月 18 日

---

① 参见小林敏明『柄谷行人論:〈他者〉のゆくえ』(筑摩書房 2015 年)。自不待言的是,这句话化用自诗人谷川雁写于 1958 年的一篇文章中的名言"寻求连带、不惧孤立",而后成为"全共斗"运动中的口号。

著作权合同登记号:陕版出图字 25-2023-094

图书在版编目(CIP)数据

探究. 一 /(日)柄谷行人著;王钦译. —西安:
西北大学出版社,2023.7
(精神译丛 / 徐晔,陈越主编)
ISBN 978-7-5604-5170-1

Ⅰ. ①探… Ⅱ. ①柄… ②王… Ⅲ. ①哲学—文集
Ⅳ. ①B-53

中国国家版本馆 CIP 数据核字(2023)第 128504 号

探究(一)

[日]柄谷行人 著
王钦 译

出版发行:	西北大学出版社
地　　址:	西安市太白北路 229 号
邮　　编:	710069
电　　话:	029-88302590
经　　销:	全国新华书店
印　　装:	陕西博文印务有限责任公司
开　　本:	889 毫米×1194 毫米　1/32
印　　张:	8
字　　数:	180 千
版　　次:	2023 年 7 月第 1 版　2023 年 7 月第 1 次印刷
书　　号:	ISBN 978-7-5604-5170-1
定　　价:	68.00 元

本版图书如有印装质量问题,请拨打电话 029-88302966 予以调换。

«TANKYUU Ⅰ»

© Kojin Karatani 1992

All rights reserved.

Original Japanese edition published by KODANSHA LTD.

Publication rights for Simplified Chinese character edition arranged with KODANSHA LTD.

through KODANSHA BEIJING CULTURE LTD.

Beijing, China

本书由日本讲谈社正式授权,版权所有,未经书面同意,不得以任何方式作全面或局部翻印、仿制或转载。

精神译丛（加*者为已出品种）

第一辑

*从莱布尼茨出发的逻辑学的形而上学始基	海德格尔
*德国观念论与当前哲学的困境	海德格尔
*正常与病态	康吉莱姆
*孟德斯鸠：政治与历史	阿尔都塞
*论再生产	阿尔都塞
*斯宾诺莎与政治	巴利巴尔
*词语的肉身：书写的政治	朗西埃
*歧义：政治与哲学	朗西埃
*例外状态	阿甘本
*来临中的共同体	阿甘本

第二辑

*海德格尔——贫困时代的思想家	洛维特
*政治与历史：从马基雅维利到马克思	阿尔都塞
怎么办？	阿尔都塞
*赠予死亡	德里达
*恶的透明性：关于诸多极端现象的随笔	鲍德里亚
*权利的时代	博比奥
*民主的未来	博比奥
帝国与民族：1985—2005年重要作品	查特吉
*政治社会的世系：后殖民民主研究	查特吉
*民族与美学	柄谷行人

第三辑

*哲学史：从托马斯·阿奎那到康德	海德格尔
布莱希特论集	本雅明
*论拉辛	巴尔特
马基雅维利的孤独	阿尔都塞
写给非哲学家的哲学入门	阿尔都塞
*康德的批判哲学	德勒兹
*无知的教师：智力解放五讲	朗西埃
*野蛮的反常：巴鲁赫·斯宾诺莎那里的权力与力量	奈格里
*狄俄尼索斯的劳动：对国家—形式的批判	哈特 奈格里
免疫体：对生命的保护与否定	埃斯波西托

第四辑

*古代哲学的基本概念	海德格尔
黑格尔《精神现象学》的发生与结构（上卷）	伊波利特
卢梭三讲	阿尔都塞
*野兽与主权者（第一卷）	德里达
*野兽与主权者（第二卷）	德里达
黑格尔或斯宾诺莎	马舍雷
第三人称：生命政治与非人哲学	埃斯波西托
二：政治神学机制与思想的位置	埃斯波西托
领导权与社会主义战略：走向激进的民主政治	拉克劳 穆夫
德勒兹：哲学学徒期	哈特

第五辑

基督教的绝对性与宗教史	特洛尔奇
黑格尔《精神现象学》的发生与结构（下卷）	伊波利特
哲学与政治文集（第一卷）	阿尔都塞
疯癫，语言，文学	福柯
与斯宾诺莎同行：斯宾诺莎主义学说及其历史研究	马舍雷
事物的自然：斯宾诺莎《伦理学》第一部分导读	马舍雷
*感性生活：斯宾诺莎《伦理学》第三部分导读	马舍雷
拉帕里斯的真理：语言学、符号学与哲学	佩舍
速度与政治	维利里奥
《狱中札记》新选	葛兰西

第六辑

生命科学史中的意识形态与合理性	康吉莱姆
哲学与政治文集（第二卷）	阿尔都塞
心灵的现实性：斯宾诺莎《伦理学》第二部分导读	马舍雷
人的状况：斯宾诺莎《伦理学》第四部分导读	马舍雷
帕斯卡尔和波−罗亚尔	马兰
非哲学原理	拉吕埃勒
连线大脑里的黑格尔	齐泽克
性与失败的绝对	齐泽克
*探究（一）	柄谷行人
探究（二）	柄谷行人